WILLKOMMEN IN DORTMUND

Liebe Leserin und lieber Leser,

die Stadt Dortmund verleiht dem Ruhrgebiet Gesicht und Charakter. Sie ist schon lange nicht mehr nur ein Erbe der Industriegeschichte. Mit allen ihren Facetten bietet sie nicht nur attraktiven Lebensraum, sondern verzeichnet jährlich über eine Million Übernachtungen von Gästen. Das spricht Bände - und ohne Zweifel für die Stadt.

Ich bin davon überzeugt, dass es nicht nur für Besucher, Studierende und Zugezogenen, sondern auch für langjährige Einwohner in Dortmund immer noch etwas Neues zu entdecken gibt. Wir haben hinter die Kulissen geschaut und für Sie die gesamte Stadt unter die Lupe genommen.

Das Ergebnis halten Sie nun in Ihren Händen. Machen Sie einen Streifzug durch die Stadt – und gemeinsam mit dem neuen **Stadtführer DORTMUND** es zu Ihrem ganz persönlichen Erlebnis.

Ich wünsche Ihnen viel Spaß und Freude, die Stadt neu zu erleben und zu entdecken.

Ihre Herausgeberin

Katja Link

INHALTSVERZEICHNIS

Dortmund.

eine Stadt voller Kontraste
Dortmund

Mehr als ein Jahrtausend überlieferte Geschichte haben die Großstadt geprägt: Archäologische Funde auf dem Gebiet des heutigen Dortmunds lassen auf eine für die damalige Zeit relativ dichte Besiedlung bereits in der Bronzezeit (um 1000 v.Chr.) schließen. Eine Sensation war der Fund des sogenannten Dortmunder Goldschatzes aus dem Jahr 1907. Man schätzt, dass die gefundenen Wertgegenstände um das Jahr 410 n.Chr. auf dem Gelände der Union-Brauerei im Boden versteckt worden sind. Zu dem Schatz zählen römische Goldmünzen, Silbermünzen und ein Halsband aus Gold.

Eine erste namentliche Erwähnung fand die Siedlung, die heute als Dortmund bekannt ist, im Jahre 882. In einem Eintrag des Klosters Werden findet man es als Throtmanni verzeichnet. Für das Jahr 990 konnte die Erwähnung der Dortmunder Marktrechte erforscht werden. Weitere Namensvergaben folgten, bis Kaiser Friedrich I. „Barbarossa" 1152 dem Erzbischof von Köln eine Urkunde ausstellte, die Dortmund eindeutig als Tremonia benannte.

Zurück ins Frühmittelalter: Im Laufe des 10. Jahrhunderts wird Dortmund zu einem wichtigen Königsmarkt, dessen Recht wiederholt auf andere Orte übertragen wird. Der Handel erlebt einen enormen Aufstieg, wie die Verbreitung der Münzen aus der königlichen Münzstätte Dortmund im gesamten Ostseeraum zeigt. Die Siedlung verdichtet sich.

1232 wütete ein Feuer vor allem im dicht besiedelten Stadtkern. Durch den Brand ging auch das Archiv der Stadt verloren und mit ihm sämtliche Urkunden. Zwar wurde mit dem Wiederaufbau unmittelbar begonnen; doch für das wirtschaftliche Leben bedeutete der Brand einen schweren Rückschlag, und so baten die Bürger ihren König Heinrich um einen zweiten Jahrmarkt. Der König kam dieser Bitte nach und stellte eine entsprechende Urkunde aus, die von großer Bedeutung ist, da Dortmund darin erstmals als Reichsstadt bezeichnet wird.

Im 14. Jahrhundert galt Dortmund, mit rund 7000 Einwohnern eine der größeren Mittelstädte mit überregionaler Ausstrahlung, als eine der wichtigsten Hansestädte. Dortmunder Kaufleute verkauften die damals bereits wirtschaftlich wichtigen Stahlerzeugnisse. Doch das 14. Jahrhundert war eine Zeit der Krise. Die in Europa grassierende

Pest-Epidemie traf auch Dortmund. Und es dauerte nur wenige Jahrzehnte, da gab es die zweite: Die Herrscher der umliegenden Territorien, die sich in ihrem eigenen Handel durch die sich in Dortmund zentralisierende Wirtschaft behindert fühlten, erklärten Dortmund in der Großen Fehde 1388/89 den Krieg. Die Stadt wehrte sich erfolgreich; später begann eine kulturelle Blütezeit; Baumeister, Maler, Goldschmiede verhalfen der Stadt zu einem herausragenden Ruf. Erst die konfessionellen Konflikte der Reformation und der Dreißigjährige Krieg brachten den Aufschwung zum Stillstand. Schwerste Verwüstungen und Bevölkerungsverluste waren die Folge. An der Schwelle zum 19. Jahrhundert besaß die Stadt keine Ausstrahlung mehr, war mit ihren nur mehr ca. 4500 Einwohnern zu einem Ackerbürgerstädtchen geworden.

19. Jahrhundert: Industrieller Fortschritt

Im Zuge der politischen Umwälzung des Alten Reiches verlor Dortmund seine Eigenständigkeit und wurde 1803 dem Fürstentum Oranien-Nassau angegliedert. 1875 wurde Dortmund kreisfrei. Von Mitte des 19. Jahrhundert an, begann sich der Aufstieg abzuzeichnen: Diesmal dank Bergbau, Stahl- und Brauindustrie. 1837 bekannte Dortmund sich stolz zu seinem Bier, mit der Einführung der bayerischen Braumethode 1845 begann dessen überregionaler Siegeszug. Durch die Stahlverarbeitung und die Kohleförderung war der Wandel zu einer Industriestadt vollzogen, der sich durch die Eröffnung der Eisenbahn von Köln nach Minden 1847 festigte. Dortmund war nun ein wichtiger Verkehrsknotenpunkt des Ruhrgebietes. 1899 erfolgte die Eröff-

Dortmund im 16. Jahrhundert • Quelle: Wikimedia Commons

nung des Dortmund-Ems-Kanals und damit die des stadteigenen Hafens.

Dortmund wurde zum Zentrum des industriellen Fortschritts des Ruhrgebiets: In rascher Folge wurden Industriebetriebe wie die Hermannshütte (1841) und das Stahlwerk Hoesch (1871) gegründet. Der Bergbau, der sich auf die Kohlevorkommen im Süden Dortmunds stützte, die Anschlüsse an die Eisenbahn und die Verwaltungsreformen der 1870er Jahre sorgten für einen industriellen Erfolg. Ab 1900 zog das kulturelle Leben nach: Eröffnet wurden u. a. die Synagoge (heute steht dort das Opernhaus), das Stadttheater und das Sparkassen- und Bibliotheksgebäude.

Bedeutend für die städtebauliche Entwicklung war der Architekt Hans Strobel, der zwischen 1915 und 1927 als Stadtbaurat Bauprojekte wie die Westfalenhalle und das Stadion Rote Erde initiierte. Nach ihm ist die Strobelallee benannt. Auch die Sport- und Erholungsanlagen Dortmunds, Vorbild für viele Kommunen des Ruhrgebietes, gehen in ihren Anfängen in die Zeit vor 1914 zurück. Der Lunapark im Fredenbaum und die Galopprennbahn in Wambel (1913) betonen die Freizeitorientierung und neue Urbanität der entstehenden Großstadt.

1933 begann ein düsteres Kapitel in der Geschichte der Stadt. Obwohl die sozialistisch geprägte Arbeiterbewegung stark war und Anhänger der KPD, der SPD, der Gewerkschaften, der Kirchen und anderer Gruppierungen ständig Widerstand gegen das „Dritte Reich" leisteten, wurden Tausende politisch oder „rassisch" Unliebsame ausgegrenzt, inhaftiert und ermordet. Der große Durchbruch blieb den Nationalsozialisten bei der Wahl im März 1933 in Dortmund versagt. Im Zweiten Weltkrieg erfuhr die Stadt heftige Zerstörungen, so dass nur noch 2 % der innerstädtischen Besiedlungsflächen erhalten blieben.

Bahnhof Dortmund, Druck von Julius Tempeltey um 1850 • Quelle: Wikimedia Commons

Neuaufbau

Als „Initialzünder" des Wiederaufbaus wurden Fritz Henßler, der aus dem Konzentrationslager befreite spätere Oberbürgermeister, und der aus der Emigration zurückgekehrte Wilhelm Hansmann, als Oberstadtdirektor betrachtet. Unter der britischen Militärregierung wurde der Wiederaufbau vorangetrieben. Dortmund erlebte einen Triumphzug seiner bewährten Branchen: Fast alle Zechen förderten wieder Kohle. Die weltweite Nachfrage nach Stahl und Eisenprodukten führte dazu, dass Dortmund 1951 zur größten Industriestadt Nordrhein-Westfalens wurde und in der Höhe der Stahlerzeugung von keiner Stadt der Bundesrepublik übertroffen wurde. Und: Der Bierausstoß erreichte Spitzenwerte. Die hervorragenden Bedingungen zogen Zuwanderer an. 1965 wurde mit rund 658000 Einwohnern ein historischer Höchststand erreicht. Im Zuge der Montanindustrie ist das Ruhrgebiet zum größten Ballungsgebiet Europas geworden. Doch die Kohlekrise

ab 1958 läutet das Ende dieser Ära ein. Ende der 1950er Jahre begann mit der Neuordnung der Energieversorgung ein erneutes Zechensterben. 1975 setze die weltweite Stahlkrise ein. Trotz latenter Strukturkrisen wurden die Zeichen des Wandels erkannt. Der Fokus wurde auf Bildung und den Dienstleistungssektor gelegt. Vernachlässigte Bereiche wie Kunst und Kultur, Forschung sowie das Bewusstsein für Natur und Lebensqualität erlangten Bedeutung.

Die Politik formulierte Visionen: Aus der größten Industriebrache ein Naherholungsgebiet mit See und Yachthafen zu machen. Verwegen auch das Vorhaben, den Dortmundern den traditionellen Dreiklang „Kohle, Stahl und Bier" auszutreiben – und ihn durch die sperrigen Leitbranchen „Logistik, Mikrosystemtechnologie und IT" zu ersetzen – im Technologiepark rund um die Universität waren diese bereits vertreten. So wurde 2000 das „dortmund-project" ins Leben gerufen. Zahlreiche Start-Up-Unternehmen siedelten sich an. Auf dem

Phoenix Gelände wurden auf über 200 Hektar Entwicklungsfläche Räume für moderne Lebens- und Arbeitsformen geschaffen, der PHOENIX See leistet einen herausragenden Beitrag für ein lebenswertes Dortmund.

Lebenswerte Stadt

Die Stadt ist einer der wichtigsten Verkehrsknotenpunkte im östlichen Ruhrgebiet und darüber hinaus Anziehungspunkt für das ländlich geprägte Umland: Ein vielseitiges kulturelles Angebot, das von Straßenfesten bis zum 2002 eröffneten Konzerthaus reicht. Als Symbol des neuen Konzerthauses sind die bemalten geflügelten Nashörner nach einer Kunstaktion 2005/2006 zum Dortmunder Wahrzeichen aufgestiegen – und überall in der Stadt anzutreffen. Die Wochen der Fußball-WM 2006 erzählen eindrucksvolle Geschichten. Kein Wunder, dass die Stadt Mitausrichter der Kulturhauptstadt Ruhr 2010 war und am Projekt Still-Leben Ruhrschnellweg teilnahm. Nicht zu übersehendes Aushängeschild ist das Dortmunder U, das nach seinem Umbau als Zentrum für Kreativwirtschaft eröffnete. Und noch einen Haken lässt sich auf der Liste des Strukturwandels machen: Auf dem Gelände der ehemaligen Thier-Brauerei wurde 2011 mit der Thier-Galerie ein Einkaufszentrum eröffnet das über 150 Fachgeschäfte beherbergt.

Foto: JosefLehmkuhl / wikipedia

Dortmunder STADTTEILE

Mengede
- Bodelschwingh
- Nette
- Oestrich
- Schwieringhausen
- Westerfilde
- Groppenbruch
- Ellinghausen

Eving
- Brechten
- Holthausen
- Lindenhorst
- Kemminghausen

Scharnhorst
- Derne
- Hostedde
- Kirchderne
- Kurl-Husen
- Lanstrop
- Fleier
- Grevel

Huckarde
- Deusen
- Jungferntal-Rahm
- Wischlingen
- Hangeney
- Kirchlinde

Innenstadt Nord
- Hafen
- Nordmarkt
- Borsigplatz

Brackel
- Asseln
- Wambel
- Wickede

Innenstadt West
- City
- Westfalenhalle
- Dorstfelderbrücke
- Dorstfeld

Innenstadt Ost
- Kaiserbrunnen
- Westfalendamm
- Ruhrallee
- Körne

Lütgendortmund
- Bövinghausen
- Kley
- Marten
- Oespel
- Westrich
- Somborn
- Holte-Kreta

Aplerbeck
- Berghofen
- Schüren
- Sölde
- Sölderholz

Hombruch
- Barop
- Bittermark
- Brünninghausen
- Eichlinghofen
- Persebeck-Kruckel-Schnee
- Menglinghausen
- Kirchhörde-Löttringhausen
- Rombergpark-Lücklemberg

Hörde
- Benninghofen
- Hacheney
- Höchsten
- Sommerberg
- Loh
- Syburg
- Wellinghofen
- Wichlinghofen
- Holzen

Die Historie hat die Stadt Dortmund geprägt. Wo steht die Großstadt heute? Einen Überblick über die Stadtteile und ihren Besonderheiten haben wir auf den nächsten Seiten zusammengefasst. Wir nehmen Sie mit auf die Reise – quer durch die Stadt.

Zeche Hansemann, Foto: Ingo Herminghaus

Daten und Fakten:
Fläche: 22,868 km², Einwohner: 37348

Bodelschwingh
Nette
Oestrich
Schwieringhausen
Westerfilde
Groppenbruch
Ellinghausen

MENGEDE

Mengede befindet sich im Nordwesten des Stadtgebiets und grenzt an Castrop-Rauxel, Waltrop und Lünen. Sein Gebiet wurde am 1. April 1928 nach Dortmund eingemeindet. Mengede umfasst die Stadt- und Ortsteile Bodelschwingh, Groppenbruch, Mengede, Mengeder Heide, Nette, Oestrich, Schwieringhausen und Westerfilde.

Dem Stadtbild ist noch heute die geschichtsträchtige, abwechslungsreiche Vergangenheit anzusehen. Deutlich ist der Einfluss des Münsterlandes bemerkbar. Große land- und forstwirtschaftlich genutzte Flächen wechseln sich mit Naturschutz- und Naherholungsgebieten ab: Hier finden sich ruhige, historisch gewachsene, aber auch dicht bebaute, moderne Wohnlagen.

Kleingärtner, Siedlergemeinschaften, historische und ruhrgebietstypische Vereine, große Sport-, Gesangs- und Karnevalsvereine zeugen von einem intakten Zusammenleben.

Das Wasserschloss Bodelschwingh (im Privatbesitz) sowie das zum Ortsteil Nette zählende Schloss Westhusen (heute Seniorenresidenz) machen nicht nur dem einheimischen Betrachter die vielfältige Vergangenheit deutlich. Das Wasserschloss im Renaissancestil mit englischem Landschaftspark und weitläufiger Vorburg ist eine der letzten Anlagen im Ruhrgebiet, die sich noch in Privatbesitz befinden. Seit dem 13. Jahrhundert ist das Schloss Familien-Wohnsitz und nur in seltenen Fällen der Öffentlichkeit zugänglich. Es lohnt sich

der Besuch der historischen ev. Remigiuskirche im von Fachwerkhäusern geprägten alten Ortskern Mengedes. Ein hervorragendes Beispiel für den Strukturwandel erlebt der Besucher bei den unterschiedlichen Veranstaltungen in der Kaue der ehemaligen Zeche Adolph von Hansemann, welche heute nicht nur eine der beiden Deutschland weiten Internate für das Gerüstebauerhandwerk beherbergt, sondern auch eine „Kleinezeche".

Apropos Veranstaltungen: Nicht versäumen darf man die Traditionsveranstaltungen wie das im Mengeder Volksgarten stattfindende „mengede mittelalterlich gaudium" (Juni), die Bodelschwingher Kirmes (Juli) sowie das „Michaelisfest" (September).

Schwieringhauser Brücke , Foto: Ingo Herminghaus

Fachwerkhäuser, Foto: Gerd W. Schmölter

Alte Apotheke, Foto: Ingo Herminghaus

Daten und Fakten:
Fläche: 22,868 km², Einwohner: 37348

Brechten
Holthausen
Lindenhorst
Kemminghausen

Alte Kolonie Eving, Foto: Mario Fischer / wikipedia

EVING

Der Stadtbezirk Eving liegt im Norden Dortmunds und grenzt an Lünen. Er umfasst die ehemals selbstständigen Ortschaften Brechten (ca. 1000 Jahre alt), Eving, Holthausen, Lindenhorst und Kemminghausen (ca. 800 bis 900 Jahre alt).

Eving ist geprägt von hochwertigem Landschaftsraum und zahlreichen Naherholungsgebieten. Zu Eving gehören historisch gewachsene Dorfkerne und Siedlungsbereiche, die im Zuge der Industrialisierung entstanden sind. Der Stadtbezirk wurde nach dem Zweiten Weltkrieg gegründet.

In Eving und Lindenhorst begann 1870 mit der Teufe der ersten Schächte auf den Steinkohlenzechen Zeche Minister Stein und Zeche Fürst Hardenberg der Wandel zur Industriegesellschaft. Die Zechen waren bis zur Stilllegung 1987 der Haupterwerbszweig im Stadtbezirk. Die Belegschaft der Bergwerke betrug in Spitzenzeiten bis 5000 Beschäftigte. Ehemals vom Bergbau und der Stahlindustrie genutzte Flächen werden durch den Strukturwandel neuen Nutzungen zugeführt. Als besonderes Beispiel zählt hierzu die Entstehung der Neuen Evinger Mitte auf dem Gelände der früheren Zeche Minister Stein mit der Schaffung neuer Arbeitsplätze. Hier befinden sich heute wissenschaftliche Institute, Ansiedlungen des Einzelhandels und gewerbliche Betriebe. In den 1970er Jahren wurde der drohende Abriss der Alten Kolonie Eving durch das Engagement einer Bürgerinitiative verhindert und als Ensemble der Industriekultur unter Denkmalschutz gestellt. Innerhalb der Ortsteile entstanden – und entstehen – neue Siedlungen.

Wie eine Grüne Lunge legen sich Grünzüge – beispielsweise der Park am Externberg, zahlreiche Kleingartenanlagen und die Naturschutzgebiete Grävingholz und Süggelwald – wie ein Ring um Eving.

Besondere Beachtung finden die Wasserflächen. Allen voran der Kanal; aber auch der ehemalige Flotationsteich der Zeche Minister Stein, der heute ein wertvolles Feuchtbiotop ist. Auch das Naturschutzgebiet „Auf dem Brink" bietet ein weiträumiges Netz aus Gewässern und Feuchtwiesen.

Quelle: Wirtschaftsförderung Dortmund

Lichtspiel Eving (ehemaliges Kino), Foto: Joehawkins / wikipedia

Zeche Minister Stein, Foto: Mbdortmund / wikipedia

Lanstroper Ei, Foto: Ingo Herminghaus

Daten und Fakten:
Fläche: 31,708 km², Einwohner: 44519

Derne
Hostedde
Kirchderne
Kurl-Husen
Lanstrop
Fleier
Grevel

SCHARNHORST

Der Name des Bezirkes leitet sich von der alten Zeche Scharnhorst ab, und damit indirekt von General Gerhard von Scharnhorst, dem Namensgeber der Zeche, welche im August 1901 mit der Förderung von Steinkohle begann. Der Stadtbezirk Scharnhorst ist voller Gegensätze, Hochhäuser und Bauerndörfer, alteingesessene Bürger und Neuzugezogene – Landwirtschaft und Industrie, Rapsfelder und Industriebrache, Abgeschiedenheit und Nähe zur City, Harmonie aber auch Spannung: Da bleibt nur eins: Man liebt den Stadtbezirk oder nicht.

Die sieben Stadtteilen – Derne, Hostedde-Grevel, Husen-Kurl, Kirchderne, Lanstrop, Scharnhorst (Alt) und Scharnhorst (Neu) – können unterschiedlicher nicht sein: Da gibt es Stadtteile, die noch Dorfcharakter haben und auf eine lange Geschichte zurückblicken – Grevel beispielsweise. Da gibt es Siedlungen um ehemalige Zechen: Um die Zeche Scharnhorst wuchs der Ortsteil Alt-scharnhorst, um die Zeche Gneisenau entwickele sich Derne, die Zeche Courl stand in Kurl. Kirchderne beherbergt eine der ältesten Kirchen Dortmunds, die Dionysius Kirche; mitten in Lanstrop steht das alte Wasserschloss Haus Wenge, der Wasserturm (das Lanstroper Ei) ist von Weitem zu sehen.

In Neu-Scharnhorst selbst befindet sich die Verwaltung für den Stadtbezirk. Hier steht eine Siedlung, die vor über 30 Jahren die bedrängende Wohnungsnot in Dortmund zu beheben half.

Dorf und Großstadt prallen aufeinander, Traditionen von über 800 Jahren (Grevel) stehen neben knapp 40 Jahren (Neu-Scharnhorst). Auch wenn im Stadtbezirk Scharnhorst weit über 40 000 Menschen leben, so gibt es doch viele freien Flächen. Es gibt Felder und Wälder, durch die Rad und Wanderwege führen, es gibt Naturschutzgebiete und Feuchtbiotope. Das Regenrückhaltebecken ist so groß, dass es als Talsperre gilt – auch wenn meistens nur ein wenig Wasser darin ist. Es bietet vielen Amphibien Schutz und Lebensraum.

Manches ist zwar notwendig, aber nicht beliebt: die Mülldeponie, die Kläranlage beispielsweise; und auch die Autobahn A2 Richtung Berlin führt an Scharnhorst vorbei.

Zeche Gneisenau, Foto: Sebastian Hellmann

Scharnhorst Derne, Foto: Mbdortmund / wikipedia

Haus Wenge, Foto: Tanja Schneider

Asseln
Wambel
Wickede

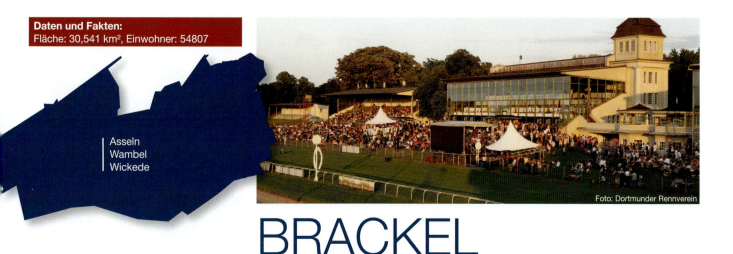

Foto: Dortmunder Rennverein

BRACKEL

In einer unechten Urkunde wurde „Brakele" 952 bereits erwähnt. Im 12. Jahrundert hieß es immer noch „Brakele"; 1254 dann „Braclo" und 1300 „Brakle". Der Stadtbezirk geht wie die Stadt selbst vermutlich auf eine karolingische Reichshofgründung zurück und ist mittlerweile ein bevorzugter Wohnstandort, zu dem vielfältige und hochwertige Wohnungen ebenso gehören wie das attraktive Angebot an Eigenheimen. Brackel liegt im östlichen Dortmunder Stadtgebiet und zieht sich entlang des Hellwegs von Wambel über Brackel und Asseln bis nach Wickede – lediglich Neuasseln liegt nicht direkt an der alten Salzstraße.

Mit rund 54.800 Einwohnern zählt Brackel hinter den Stadtbezirken Hombruch und Aplerbeck zu den bevölkerungsreichsten Stadtbezirken Dortmunds. Durch Stadt- und S-Bahn ist der Bezirk hervorragend an die Innenstadt angebunden. Die Nahversorgung in den einzelnen Orten ist durch ein dichtes Netz von Einkaufsstandorten problemlos.

Das Angebot an Kindergärten und Tageseinrichtungen für Kinder wird durch eine Schullandschaft mit allen Schultypen ergänzt. Natürlich gibt es auch zahlreiche Einrichtungen und Angebote für Senioren. Die vielfältige Vereinslandschaft bietet für jeden etwas. So besteht ein abwechslungsreiches und attraktives Freizeitangebot mit Sportanlagen, Hallenbad, Reiterhöfen und zwei Golfplätzen.

Für die Gesamtstadt hat Brackel in vielen Bereichen besondere Bedeutung. Hier befinden sich eine Reihe zentraler Einrichtungen unterschiedlichster Art wie die Pferderennbahn, der Flughafen, das Knappschaftskrankenhaus, das BVB-Trainingszentrum und die Kommende, das Sozialinstitut des Erzbistums Paderborn.

Große Grünflächen laden zum Erholen ein. Allein der Hauptfriedhof mit seinem alten Baumbestand ist größer als der Westfalenpark! Halde Schleswig, das Naturschutzgebiet Buschei und das Wickeder Ostholz mit dem Pleckenbrinksee sind weitere grüne Höhepunkte. Ein gut ausgebautes Radwegenetz macht das Radeln zum Vergnügen, viele Gaststätten und Kleingartenanlagen bieten sich für erholsame Pausen an.

BVB-Traingsgelände, Foto: Tanja Schneider

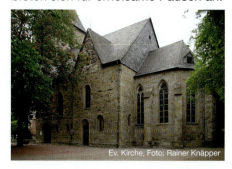

Ev. Kirche, Foto: Rainer Knäpper

Dortmund Airport / Frank Peterschroder

Amtshaus (Rathaus) in Dortmund Aplerbeck, Foto: Helfmann / wikipedia

Berghofen
Schüren
Sölde
Sölderholz

APLERBECK

Im Jahre 975 hieß es „Apalderbach"; im 12. Jahrhundert. „Apelderbeke"; 1147 „Affelterbeche"; 1169 „Appelderenbeke"; 1229 „Apelderbeke" und 1286 schließlich „Appelderbecke".

Der Stadtbezirk, am südöstlichen Rand des Stadtgebietes gelegen, wird durch ausgedehnte Wohngebiete sowie große und bedeutende Freiraum- und Waldstrukturen vom Südosten bis zum Südwesten geprägt. Im Norden begrenzt die B 1 den Stadtbezirk Aplerbeck.

Der Ortskern, ca. acht Kilometer östlich der Dortmunder City gelegen, bildet das Zentrum mit seinen 55162 Einwohnern und ca. 2.500 Hektar, der an die Nachbargemeinden Unna und Schwerte angrenzt. Nachdem der Ortskern seit 2001 vom Durchgangsverkehr über die Rodenbergstraße umfahren wird, ist hier eine attraktive verkehrsberuhigte Zone entstanden, die sich mit großer Verweilqualität und guten Einkaufsmöglichkeiten, aber auch durch Ruhezonen auszeichnet. Dazu trägt die seit 2011 offen geführte Emscher im Rodenbergpark bei. Der Park mit dem denkmalgeschützten Wasserschloss Haus Rodenberg und dem Amtshaus mit Marktplatz bildet ein verbindendes Element zum Einkaufszentrum an der Rodenbergstraße und rund um den Marktplatz.

Im Osten des Stadtbezirks liegen die Ortsteile Sölde, Sölderholz und Lichtendorf, die von freier Landschaft umgeben sind. Sölde weist in dörflicher Struktur große historische Hofanlagen auf. Lichtendorf bietet einen weiten Blick über das Ruhrtal. Im Westen liegen die Ortsteile Berghofen und Schüren – typische Straßendörfer. Schüren weist noch einen historischen Ortskern mit umfangreichen geschützten Begrenzungsmauern auf, aber auch wichtige Freiflächen wie das Schürener Feld. Aplerbeck hat sich von einer bäuerlichen Struktur über die Industrialisierung ab dem 19. Jahrhundert mit Bergbau und Hüttenwesen jetzt im 21. Jahrhundert zu einem Stadtbezirk entwickelt, der sich durch hohe Wohn- und Freizeitqualität auszeichnet, andererseits aber moderne Wege Richtung Dienstleistung wie Call-Center und Logistik-Zentrum und als Standort für IT-Technologie beschritten hat.

Haus Rodenberg, Foto: Sebastian Hellmann

Zwei Ewalde, Foto: Rainer Knäpper / wikipedia

Haus im Stil von Hundertwasser, Foto: Heribert Pohl / wikipedia

Daten und Fakten:
Fläche: 29,755 km², Einwohner: 53535

Benninghofen
Hacheney
Höchsten
Sommerberg
Loh
Syburg
Wellinghofen
Wichlinghofen
Holzen

Phoenix See, Foto: Frank Vincentz / wikipedia

HÖRDE

Der Stadtbezirk blickt auf eine bewegte Geschichte zurück: Als einziger der heutigen Dortmunder Stadtbezirke besaß Hörde eigene Stadtrechte. Der Name, der von den Grafen von der Mark gegründeten Stadt Hörde geht auf das Huryde oder Huride zurück. Dies hieß so viel wie Hürde. 1340 gründeten schließlich Konrad von der Mark und Elisabeth von Kleve die Stadt Hörde. In den folgenden Jahrhunderten war das Verhältnis zwischen Hörde und Dortmund nicht frei von Auseinandersetzungen. Die „Hörder" galten als ein selbstbewusstes Völkchen, das sich nicht alles gefallen lässt. Wenn man in Hörde sagt: „Ich fahre in die Stadt" – ist gemeint, dass man nach Hörde möchte. Sonst fährt man „nach Dortmund".

Neben Kohle und Bier prägte 160 Jahre lang die Stahlindustrie das Leben in Hörde. Hermann Dietrich Piepenstock gründete die Hermannshütte, die heute als Wiege der deutschen Stahlindustrie gelten kann. Das Gesicht Hördes bestand aus zwei Industrieflächen: Phoenix-West als Hochofenstandort und Phoenix-Ost als Stahlstandort. Dazwischen der Hörder Kernbereich, heute von den Gewerbetreibenden oft auch die „Hörder Altstadt" genannt. Das flüssige Roheisen wurde mit dem legendären „Feurigen Elias" auf Schienen zum Stahlwerk nach Phoenix-Ost gefahren und dort weiterverarbeitet. 2001 erlosch die Hörder Fackel, das letzte Symbol der Stahlproduktion an diesem Standort.

Inzwischen wurde (und wird) der Standort Phoenix-West zum europäischen Zentrum für Mikro-, Nano- und Produktionstechnologie entwickelt. Seit 2011 wird stetig am neuen Markenzeichen gearbeitet: dem Phoenix-See.
Neben den Freizeitangeboten am See geht man in Hörde beispielsweise gerne ins Cabaret Queue oder ins Hansa-Theater. Dazu gibt es unzählige Kunst- und Kulturschaffende. Im neuen Bürgersaal finden regelmäßig Konzerte und Ausstellungen statt. Nette Kneipen, das Neumarkt Wohnzimmer und die Außengastronomie am „Platz an der Schlanken Mathilde" runden das Angebot ab. Die Fußgängerzone lädt mit ihren vielen Fachgeschäften zum Shoppen ein.

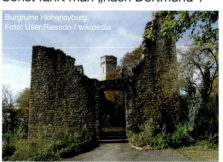
Burgruine Hohensyburg,
Foto: User:Riessdo / wikipedia

Lichterspiel Hoerde, Foto: Stefanie Kleemann

Offengelegter Hoerder Bach
Quelle: Wirtschaftsförderun Dortmund

Rombergpark, Quelle: www.freundeskreis-botanischer-garten-rombergpark.org

Daten und Fakten:
Fläche: 35 km², Einwohner: 56.855

Barop
Bittermark
Brünninghausen
Eichlinghofen
Persebeck-Kruckel-Schnee
Menglinghausen
Kirchhörde-Löttringhausen
Rombergpark-Lücklemberg

HOMBRUCH

Der Stadtbezirk Hombruch ist mit knapp 35 Quadratkilometern und einer Bevölkerungszahl von rund 56.900 Menschen sowohl flächen- als auch bevölkerungsmäßig einer der größten Bezirke. Die heutige Struktur hat nur noch sehr wenig mit der Historie zu tun. Hombruch wurde erstmals in einer Urkunde des Grafen Dietrich von der Mark im Jahre 1395 erwähnt. Geprägt wird der Bezirk vor allem durch ausgedehnte hügelige Waldgebiete, viele landwirtschaftlich genutzte Flächen und ein gepflegtes Wohnumfeld.

Bis zum Jahr 1929 gehörte Hombruch als Teil der Gemeinde Kirchhörde zum Landkreis Hörde. Mit der Auflösung des Landkreises Hörde und der Eingemeindung Kirchhördes nach Dortmund erhielt Hombruch eine eigene Verwaltungsstelle. Mit der Gemeindereform wurde 1975 der Stadtbezirk Hombruch errichtet.

Attraktive Anziehungspunkte sind der Zoo und der Botanische Garten Rombergpark. Nicht zu vergessen das Torhaus Rombergpark: Garant für romantische Trauungen.

Attraktives Zentrum ist der Ortsteil Hombruch selbst mit seiner Fußgängerzone rund um den Marktplatz und die Harkortstraße. Auf die Vielzahl der Einkaufsmöglichkeiten wäre manche Kleinstadt stolz. Besonders beliebt sind die Wochenmärkte. Mit dem Naturbad Froschloch konnte 2010 ein Bad der Extraklasse eröffnet werden.

Die Entwicklung Hombruchs ist auf den Steinkohlenbergbau und die Eisenindustrie zurückzuführen. Bergbau betrieb vor allem die Familie von Romberg. An bekannte Bergbauzechen und deren Standorte erinnern viele Straßennamen.

Mit der Technischen Universität Dortmund, zahlreichen Forschungseinrichtungen sowie dem Technologie-Park-Dortmund mit seinem hohen Innovationspotenzial nimmt der Stadtbezirk eine herausragende Stellung als Forschungs- und Entwicklungsstandort innerhalb Dortmunds ein.

Der neue Campus der Wirtschaftsfachschulen für Hotellerie und Gastronomie (WIHOGA) wurde 2007 bezogen. Die WIHOGA Dortmund ist die modernste und größte Hotelfachschule Deutschlands.

St. Clemens, Foto: S. Möller

Foto: Zoo Dortmund

Technische Universität und H-Bahn, Foto: Anneke Wardenbach

Bövinghausen
Kley
Marten
Oespel

Westrich
Somborn
Holte-Kreta

Schulmuseum: Museumsrabe Fritz im Klassenzimmer von 1905

LÜTGENDORTMUND

Der Stadtbezirk Lütgendortmund liegt im Westen Dortmunds und grenzt an Bochum und Castrop-Rauxel. Er umfasst die Ortsteile Bövinghausen, Holte, Kley, Lütgendortmund, Marten, Oespel, Somborn und Westrich. Dellwig existiert als Ortsteil nach der statistischen Aufteilung an die Nachbarbezirke de facto nicht mehr.

Die auch heute noch durch Freiflächen voneinander getrennten Ortsteile sind aus Adelssitzen und mittelalterlichen Dorflagen hervorgegangen oder als Arbeitersiedlungen entstanden. Aufgrund ihrer geschichtlichen und wirtschaftlichen Entwicklung haben die Siedlungen bis heute ihren eigenständigen Charakter bewahrt. Lütgendortmund ist wegen seiner Ausdehnung und als Sitz zahlreicher, bezirkszentraler Einrichtungen der dominierende Stadtteil im Stadtbezirk. Fast die Hälfte aller Einwohner des Stadtbezirks leben hier. Während der Ortskern von „Lüdo" das wichtigste Einzelhandelszentrum für Waren des täglichen Bedarfs ist, zieht der großflächige Einzelhandelsstandort Indu-Park in Oespel Kunden aus ganz Dortmund und der angrenzenden Region an. Mit anteiligen zwölf Prozent ist Lütgendortmund der Dortmunder Außenbezirk mit den meisten gewerblich genutzten Flächen.

Auf ehemaligen Montanstandorten sind in den vergangenen Jahrzehnten neue Gewerbegebiete entstanden, die verkehrlich hervorragend angebunden sind. Siedlungsnahe Freiflächen, die unter Naturschutz stehenden Wälder „Dorney" und „Dellwiger Bach", die Volksgärten sowie der „Park der Generationen" sind beliebte Freizeit- und Naherholungsziele.

Mit Teilen des Technologieparks Dortmund, dem Indupark, dem Westfälischen Schulmuseum, dem Industriemuseum Zeche Zollern II/IV und dem Wasserschloss Haus Dellwig befinden sich hier Einrichtungen von überregionaler Bedeutung.

Mit den Aktivitäten der Aktion „Stadtbezirksmarketing" werden Vorhaben und Veranstaltungen der Kaufmannschaft und der Vereine aller Ortsteile koordiniert und gefördert. Die Zielsetzung ist eindeutig: Schaffung und Förderung eines lebens- und liebenswerten Stadtbezirks.

St. Magdalena, Foto: Odila Kuno

Heimatmuseum Lütgendortmund

Zeche Zollern, Foto: Martin Holtappels

Kompressorenhalle Kokerei Hansa, Foto: Manfred Vollmer

Daten und Fakten:
Fläche: 15,085 km², Einwohner: 35799

Deusen
Jungferntal-Rahm
Wischlingen
Hangeney
Kirchlinde

HUCKARDE

Mit einer Fläche von rund 1.500 Hektar ist der Stadtbezirk einer der kleinsten in Dortmund. Mit einer Bevölkerungszahl von rund 35000 Einwohnern gehört Huckarde zu den am dichtesten besiedelten.

Prägende Merkmale für Naherholung und Freizeit sind der Rahmer Wald und der Revierpark Wischlingen mit überregionaler Bedeutung. Mit den angrenzenden Naturschutzgebieten Hallerey, Dellwiger Bachtal und Mastbruch existieren wertvolle Biotope als Ziele für eine naturnahe Erholung.

In der mehr als 500 Jahre alten Fachwerkkapelle im Revierpark Wischlingen soll die erste lutherische Predigt im Raum Dortmund gehalten worden sein. Heute ist die Kapelle einer der beliebtesten Orte für Ambiente-Trauungen in Dortmund.

Apropos Historie: Den Ortsstatus soll es bereits 947 mit „curtis Hucrithi" gegeben haben. 947 bestätigt König Ottl l. dem Kloster in Essen den von Ludwig geschenkten Oberhof zu Huckarde. Die ersten Früherwähnungen gab es dann 1214 „Hukirde"; 1268 „Hukerde"; 1271 „Hokerde"; 1272 „Huckerde" und 1290 „Hukerde".

Die Kokerei Hansa ist ein herausragendes Relikt der Montanära im Stadtbezirk. Als Ankerpunkt der Route der Industriekultur ist sie eines der Hauptziele des Industrietourismus im Ruhrgebiet. Mit der Kletterhalle in einem ehemaligen Betriebsgebäude der Kokerei und dem Hochseil-Klettergarten im Revierpark Wischlingen hat sich Huckarde zu einer beliebten Anlaufstelle der Kletterszene entwickelt.

Der Deusenberg ist eine inzwischen fast vollständig rekultivierte ehemalige Mülldeponie auf der Grenze zwischen Huckarde und Deusen. Er stellt in seiner Funktion als Naherholungsgebiet eine weithin sichtbare Landmarke dar und hat sich mit seiner Bike-Arena zu einem beliebten Treffpunkt für Mountainbiker entwickelt.

Im Osten verlaufen die Emscher und der Dortmund-Ems-Kanal, die neben ihren eigentlichen Funktionen inzwischen ebenfalls große Bedeutung für Freizeit und Erholung besitzen. Ergänzt wird dies durch viele Aktionen der Interessengemeinschaften und Vereine vor Ort.

Emscherweg, Foto: Frank Vincentz / wikipedia

Solebad, Wellenbad, Quelle: Revierpark Wischlingen

Wischlinger Park Kapelle, Quelle: Revierpark Wischlingen

Hafen
Nordmarkt
Borsigplatz

Foto: Ingo Herminghaus

INNENSTADT-NORD

Der Stadtbezirk Innenstadt-Nord, einfach Nordstadt genannt, entstand im Zuge der Industrialisierung als Arbeiterwohnviertel. Die Geschichte der Nordstadt begann mit der Eröffnung der Cöln-Mindener Eisenbahn im Jahre 1847. Im Rahmen des Eisenbahnbaus und der beginnenden Industrialisierung siedelten primär osteuropäische Arbeiter zunächst in Baracken nördlich der Eisenbahnlinie.

Ab 1858 wurde durch den Stadtbaumeister Ludwig ein rechtwinkliges Straßennetz mit Schmuckplätzen (Steinplatz, Nordmarkt, Borsigplatz) in der Dortmunder Nordstadt errichtet. Mit dem Ausbau der Westfalenhütte durch Leopold Hoesch strömten weitere Arbeiter in die Stadt; das Hoesch-Wohnviertel rund um den Borsigplatz wurde erbaut. Die Eröffnung des Dortmunder Hafens 1899 durch Kaiser Wilhelm II. gilt als weiteres wichtiges Ereignis.

Es ist das älteste und größte zusammenhängende Altbaugebiet im Ruhrgebiet; die städtebauliche und soziale Vielfalt, die auch ein junges Szenepublikum anzieht, prägen die Nordstadt: Die kulturelle und soziale Vielfalt der Bevölkerung führt einerseits zu einer vielseitigen und lebendigen Nutzung des urbanen Umfelds, andererseits zu wirtschaftlichen, sozialen und städtebaulichen Herausforderungen. Dabei ist der Stadtbezirk flächenmäßig der größte der drei Dortmunder Innenstadt-Bezirke und hat über 57000 Einwohner.

Zahlreiche Einzelhändler entlang der Münsterstraße, Schützenstraße und am Borsigplatz schaffen multikulturelle Einkaufsmöglichkeiten. Das Einkaufszentrum an der Bornstraße zieht auch Menschen aus anderen Stadtteilen an. Mit dem Klinikzentrum Nord, dem Naturkundemuseum, Hoesch-Museum und Brauerei-Museum, dem Dietrich-Keuning-Haus, dem Depot und dem Wichernhaus, der Musikschule, der Auslandsgesellschaft, dem Hoeschpark und nicht zuletzt dem Fredenbaumpark verfügt der Stadtbezirk Innenstadt-Nord über vielseitige Einrichtungen, die mit ihren besonderen und abwechslungsreichen Angeboten eine stadtweite, sogar überregionale Bedeutung haben.

Emskanal, Foto: Stefanie Kleemann

Borsigplatz, Foto: Tanja Schneider

Big Tipi im Fredenbaumpark,
Foto: Wolfgang Hunscher / wikipedia

Ostenfriedhof, Foto: Ingo Herminghaus

Daten und Fakten:
Fläche: 11,268 km², Einwohner: 54447

Kaiserbrunnen
Westfalendamm
Ruhrallee
Körne

INNENSTADT-OST

Der Stadtbezirk ist einer der einwohnerstärksten, aber auch der flächenmäßig kleinste: Attraktive und innenstadtnahe Wohngebiete sind markante Kennzeichen. Hier finden sich vor allem urbane Wohnviertel mit Einkaufsstraßen von lokaler und stadtweiter Bedeutung: wie etwa die Kaiserstraße oder die Saarlandstraße, die beide Ende des 19. Jahrhunderts entstanden sind. Zwischen Hamburger Straße und Kaiserstraße befindet sich das Gerichtsviertel. An der Lübecker Straße liegt die Justizvollzugsanstalt Dortmund, umgangssprachlich Lübecker Hof genannt. Südlich der Kaiserstraße erstreckt sich ein ehemals großbürgerliches Wohnviertel mit einer Vielzahl repräsentativer Unternehmervil-

len (Anfang des 20. Jahrhunderts). Hier sind sowohl das imposante Gebäude des ehemaligen Landesoberbergamts Dortmund als auch das italienische Konsulat zu finden. Auch die orthodoxe Jüdische Kulturgemeinde Dortmund ist hier beheimatet. Das Franziskanerkloster Dortmund wurde 1895 in der östlichen Innenstadt Dortmunds gegründet. Seit 1911 nehmen die Brüder Aufgaben in der Pfarrseelsorge wahr.

Es gibt aber auch Wohnviertel, die durch viel Grün und großzügige Einfamilienhäuser geprägt sind (Gartenstadt). Während andere Stadtteile wegen ihres durchweg innerstädtischen Charakters optisch nur schwer voneinander zu unterscheiden sind, hat sich der Stadtteil Körne seine teilweise eigenständigen

Strukturen bis heute erhalten können. Die Wohngebiete Gartenstadt, Kaiserstraßenviertel, Saarlandstraßenviertel, Körne und die Ansiedlung an der Stadtkrone entlang der B 1 dienen als überörtlicher Standort für Dienstleistungen und Büronutzung in Verbindung mit dem Westfalenpark als Erholungs- und Freizeiteinrichtung und tragen erheblich zur Imagebildung der Stadt bei. Der Stadtbezirk beherbergt neben den Westfalenhallen die gesamtstädtisch bedeutsamen Parkanlagen wie den bundesweit bekannten Westfalenpark im Südwesten und den Ostfriedhof im nördlichen Bereich. Überhaupt: Viele Stadtquartiere weisen einen hohen Durchgrünungsgrad auf. Für viele Straßenzüge ist ein alleeartiger Altbaumbestand charakteristisch.

Strassen Windmuehlenweg/Am Zehnthof,
Foto: Rudko / wikipedia

Amtsgericht Dortmund, Foto: Lucas Kaufmann
Author: DortmunderWestfront / wikipedia

Westfalenparkbahn im Winter, Foto: Stefan Kunzmann / wikipedia

Daten und Fakten:
Fläche: 13,745 km², Einwohner: 52610

City
Westfalenhalle
Dorstfelderbrücke
Dorstfeld

Foto: Alexandre Simoes / BVB

INNENSTADT-WEST

Es ist ein Stadtbezirk der Gegensätze: In der City, dem historischen Zentrum der Stadt, pulsiert das urbane Leben, hier finden sich beispielsweise die Haupteinkaufsstraßen der Stadt, das neu entwickelte Thier-Areal und wesentliche Einrichtungen von Kunst und Kultur.

Im Rosenviertel dominiert der inhabergeführte Einzelhandel. Das Kreuzviertel steht für beispielloses Wohnflair und eine ebenso beispiellose Kneipenlandschaft. Im Klinikviertel, das um das akademische Lehrkrankenhaus „Klinikum Dortmund" entstanden ist, ist die Wohnqualität nicht geringer als im Kreuzviertel. Westlich der City schließt sich dichte Wohnbebauung rund um das Wohnquartier Rheinische Straße an. Dieser

Teil des Stadtbezirks ist dicht bebaut mit Architektur aus der Zeit um 1900. Hier findet sich auch der herrliche Westpark. Dorstfeld ist beispielsweise ein früher vom Bergbau geprägter Bereich, was sich heute noch sichtbar in einer Reihe von Zechensiedlungen dokumentiert. Im Blauen Salon des Schulte-Witten-Hauses wird Kultur vom Allerfeinsten in kleinen Häppchen gereicht. Ebenso dazu gehört die DASA – die Bundesanstalt für Arbeitsschutz und Arbeitsmedizin, mit ihren unzähligen Ausstellungen und Programmangeboten für Groß und Klein. Der Stadtbezirk wird durch den Stadtgarten, Tremoniapark und Westpark weiter belebt und aufgelockert. Dabei kommt besonders dem Tremoniapark und dem Westpark eine entscheiden-

de Bedeutung als „grüne Lungen der City" und als nah gelegener Erholungsraum zu. Außerdem befinden sich hier zahllose herausragende Plätze, Orte, Institutionen und Veranstaltungsorte; zahlreiche davon haben eine überregionale Bedeutung.

Hier sind der BVB Dortmund (mit seinem Borusseum), der Signal Iduna Park, die Westfalenhallen, das Stadion Rothe Erde, die Thier-Galerie, das Stadt-Theater sowie verschiedene Einrichtungen der Verwaltung zu Hause.

Und nicht zu vergessen: Der Weihnachtsmarkt mit dem größten Weihnachtsbaum-Ensemble der Welt ist weit über die Stadtgrenzen hinaus bekannt – und jedes Jahr aufs Neue ein beliebtes Motiv.

PUR-Konzert, Foto: Christian Lünig

Spielplatz Westpark, Foto: Stefanie Kleemann

DASA, Foto: Hannes Woidich

Alter Markt, Foto: Stadt Dortmund

Friedensplatz, Foto: Stadt Dortmund

Hansaplatz, Foto: Sandy Müller

PLÄTZE

Alter Markt

Der Alte Markt ist das historische Zentrum Dortmunds und liegt südlich der Einkaufsstraße Westenhellweg. Im Nordosten des Platzes findet sich der Bläserbrunnen. Früher stand auf dem alten Markt das alte Rathaus; es wurden viele Geschäfte von Kaufleuten, Handwerkern und Bürger gemacht. An diese Zeit der historischen Zunft- und Gildenhäuser (12. Jahrhundert) erinnert auch der Bläserbrunnen, der 1901 entworfen wurde. Damals stillten die Tiere dort ihren Durst – heute wird das Wasser manchmal gelb gefärbt, wenn die Fans von Borussia Dortmund ihre Mannschaft feiern. Im Sommer ist der Platz dicht bestuhlt, viele Gastronomien ziehen Einheimische und Touristen an. Der Alte Markt wird zudem häufig für Stadtfeste genutzt – wie beispielsweise für den Weihnachtsmarkt.

Alter Markt, 44137 Dortmund

Friedensplatz

Auf der einen Seite das vom Architekten Dieter Kälberer entworfene Rathaus und auf der anderen Seite das aus rotem Sandstein erbaute alte Stadthaus und die Dortmund-Agentur – seit 1989 wird der Friedensplatz als Veranstaltungsplatz für politische Demonstrationen und kulturelle Ereignisse genutzt: Legendär sind die Feierlichkeiten rund ums Thema Fußball – sei es, um einen BVB-Titel zu feiern oder das offizielle FIFA-WM-Fan-Fest zur Fußball-Weltmeisterschaft 2006. Die Kapazität des Platzes liegt bei bis zu 20.000 Menschen.
Die Berliner Bildhauerin Susanne Wehland hat die Friedenssäule gestaltet. In vergoldeten Buchstaben steht dort das Wort „Frieden" in den Sprachen der Dortmunder Partnerstädte aus dem Jahr 1989.

Friedensplatz, 44137 Dortmund

Hansaplatz

Der Platz liegt südwestlich des Alten Marktes und ist heute Standort des Dortmunder Wochenmarktes. Neben dem Wochenmarkt finden auf dem Hansaplatz auch häufig politische Kundgebungen und Großveranstaltungen wie der Weihnachtsmarkt statt. Auf dem Hansaplatz steht dann der nach Angaben des Markthandel- und Schausteller-Verbandes Westfalen größte Weihnachtsbaum der Welt. Bis zum Ende des 19. Jahrhunderts hieß der Hansaplatz noch Wickedeplatz. Zunächst siedelten sich Banken an. Der nördliche Teil des Platzes ist geprägt durch die denkmalgeschützte Fassade des 1912 erbauten Erweiterungsbaus des Kaufhauses Theodor Althoff, heute Karstadt. Auf der anderen Seite befinden sich Freitreppe, Brunnen und Platanenallee.

Hansaplatz, 44137 Dortmund

Foto: Sandy Müller

Foto: Tanja Schneider

Foto: Tanja Schneider

Borsigplatz

Der Borsigplatz ist ein Rundverkehr mit sechs sternförmig angeordneten Zufahrtsstraßen. Er sieht aus wie ein Kreisverkehr, ist es aber rein rechtlich nicht. An den Zufahrten stehen keine Kreisverkehrsschilder.

Rund um die begrünte Innenfläche stehen Bäume und die Straßenbahn überquert den Platz. Der Name stammt von August Julius Albert Borsig (1829-1878), Sohn des Industriellen August Borsig. Dieser gründete 1871 die Maschinenfabrik Deutschland (MFD) an der Borsigstraße. Das Unternehmen wurde 1911 eine Tochter des Hoeschkonzern und 1995 geschlossen. Bekannt wurde der Borsigplatz vor allem durch den Fußballverein Borussia Dortmund (BVB). Dieser wurde in unmittelbarer Nähe gegründet und war bis in die 1950er Jahre tief im Borsigplatzviertel verwurzelt.

Die Weiße Wiese war das erste Stadion des Vereins. Es befand sich dort, wo heute der Hoeschpark ist. Die Nationalsozialisten enteigneten den Fußballverein in den 1930er Jahren und die Spiele mussten fortan im Stadion Rote Erde ausgetragen werden. Nach größeren Titelgewinnen der Borussia finden auf dem Platz heute oft Feierlichkeiten der Fans und der Mannschaft einschließlich eines Autokorsos statt.

Borsigplatz, 44145 Dortmund

Platz von Hiroshima

Um dem Opfern der Atom-Katastrophe in Hiroshima (1945) zu gedenken, wurde dieser kleine Platz eingeweiht (2000). Der Platz befindet sich an der östlichen Seite der Propsteikirche, Schwarze-Brüder-Straße, Hansastraße. Weil schon vor der Einweihung an der Außenseite des Chores der Propsteikirche seit 1997 die Bronzefigur „Mutter Hiroshima" von dem Dortmunder Künstler Anselm Treese stand, eignete sich der Name ideal.

Platz von Hiroshima, 44135 Dortmund

Willy-Brandt-Platz

Schon von weitem ist die Stadtbahnhaltestelle Reinoldikirche zu sehen – ein Glas-Stahl-Bauwerk mit einem Stahlpylon als Dach. Hier grenzen die beiden wichtigsten Einkaufsstraßen (Westen- und Ostenhellweg) aneinander und der Willy-Brandt-Platz öffnet sich mit dem Europabrunnen zur Kleppingstraße. Mit der Fertigstellung der unterirdischen Stadtbahnlinie im Frühjahr 2008 wurde der Platz neu gestaltet.

Willy-Brandt-Platz, 44135 Dortmund

Foto: Tanja Schneider

Foto: Tanja Schneider

Platz der Alten Synagoge

Die Synagoge wurde damals statt im maurischen, im neugotischen Baustil errichtet. Die Eröffnung wurde im Juni 1900 gefeiert. Sie gehört zu jenen jüdischen Gotteshäusern, die 1938 schon vor der Reichspogromnacht enteignet und abgerissen wurden. Auf dem Grundstück steht heute das Stadttheater, vor dem ein in den 1970er Jahren errichteter Gedenkstein an das zerstörte Gotteshaus erinnert.

Hiltropwall/Hansastraße, 44137 Dortmund

Nordmarkt

Er erinnert an die Lässigkeit der Plätze in den alten Pariser Arbeitervierteln. Entstanden ist der vier Hektar große Platz nördlich der Mallinckrodtstraße 1907-1909. Ein Mahnmal erinnert an die „Schlacht am Nordmarkt" im Jahr 1932. Langjährige Nutzungskonflikte versuchen Stadt, Sozialverbände und Bürgergruppen zu bekämpfen. Spielplätze, Kioske, Cafés und kulturelle Angebote prägen das Bild heute.

Nordmarkt 1, 44145 Dortmund

MUSEEN

Ob ein Stück Zechengeschichte, einen Blick hinter die Fußball-Kulissen oder ein Stückweit Brauereiwissen: Dortmund beherbergt eine Anzahl verschiedenster Museen: Hier kommen Kunst- und Musikbegeisterte, Liebhaber alter und neuer Techniken, aber auch geschichtlich oder gar medizinisch Interessierte gleichermaßen ins Schwärmen. Ausgewählte Stätten präsentieren wir Ihnen auf den nächsten Seiten.

Foto: Peter Kocbeck

Foto: Woidich Hannes

DASA Arbeitswelt Ausstellung der Bundesanstalt für Arbeitsschutz und Arbeitsmedizin

Mensch – Arbeit – Technik: Unter diesen Leitmotiven wirbt die DASA Arbeitswelt Ausstellung auf über 13.000 Quadratmetern für eine Arbeitswelt, in der der Mensch mit seinen Fähigkeiten und Fertigkeiten im Vordergrund steht. Sie informiert über die Arbeit im Wandel angesichts den Anforderungen in der Zukunft. Die DASA besteht seit mehr als 20 Jahren und ist eine ständige und bildungsaktive Einrichtung der Bundesanstalt für Arbeitsschutz und Arbeitsmedizin. Jährlich sind 185.000 Gäste zu Besuch.

Sie ist ein Erlebnisort mit einer Fülle von Experimentierstationen, Exponaten und multimedialen Elementen der Arbeitswelt. Ob Industrieroboter, Elektronenmikroskop, Tunnelbau, Webstuhl, Dampfmaschine: Vieles kann besichtigt und ausprobiert werden.
Nachhaltig rückt die DASA in den Fokus, welchen Beanspruchungen und Belastungen sich der Mensch bei seiner täglichen Arbeit aussetzt und stellt Lösungen für besseres Arbeiten vor. Auch neugierige Nachwuchs-Entdecker sind besonders willkommen.

Friedrich-Henkel-Weg 1-25, 44149 Dortmund
Mo-Fr 9-17 Uhr, Sa/ So 10-18 Uhr
Telefon: 0231 9071 2479
www.dasa-dortmund.de

Hoesch-Museum

1871 gründete die Eifeler Familie Hoesch das Eisen- und Stahlwerk. Das Museum pflegt die Erinnerung an eineinhalb Jahrhunderte Stahlindustrie. Die Dauerausstellung spannt den Bogen von den Anfängen der Eisen- und Stahlindustrie bis zum Strukturwandel und den gegenwärtigen Entwicklungen. Neben originalen Werkzeugen veranschaulicht eine interaktive Medienstation die Verfahrenstechniken: von der Anlieferung der Erze über deren Verarbeitung im Hochofen zu Eisen und die Umwandlung zu Rohstahl bis zur Weiterverarbeitung in Walzwerken zu Endprodukten wie Autoblechen, Draht oder Bauträgern. Am Schnittmodell eines Porsche-Carreras wird beispielhaft die rasante Entwicklung der oberflächenveredelten Stähle zu multifunktionalen High-Tech-Produkten verdeutlicht. Weiteres Highlight: das „3D-Stahlwerk". Historische Fotos, Filme sowie Zeitzeugenberichte würdigen die teils schwere körperliche Arbeit, der noch 1957 rund 40.000 Menschen nachgingen.

Eberhardstraße 12, 44145 Dortmund
Telefon: 0231 84458 56
Di, Mi 13-17 Uhr, Do 9-17 Uhr, So 10-17 Uhr
Mo, Fr, Sa und an Feiertagen geschlossen
www.hoeschmuseum.dortmund.de

Foto: Foto: LWL / Annette Hudemann

Foto: Katja LinK

Foto: Klaus-Peter Schneider

Zeche Zollern

Kaum vorstellbar, dass das Ensemble nach der Stilllegung in den 1960er Jahren zugunsten einer Schnellstraße abgerissen werden sollte. Wichtigstes Objekt im Kampf um den Erhalt war die Maschinenhalle mit dem eindrucksvollen Jugendstilportal – heute eine Ikone der Industriekultur. Doch im LWL-Industriemuseum der Sozial- und Kulturgeschichte des Ruhrbergbaus sind Glanz und Repräsentationskultur der Steinkohlenbergwerke nur eine von vielen Facetten. Die Ausstellungen führen in eine Welt harter Arbeitsbedingungen. Die Zeche Zollern entstand zwischen 1898 und 1904 als Prestigeobjekt der Gelsenkirchener Bergwerks AG, die mit dem Bau der Schachtanlage zum Marktführer aufstieg.

Ein Erlebnis: Sonntagsführungen, Klassenausflüge und Kindergeburtstage oder die beliebte Grubenbahn (Mai bis September). Außerdem finden verschiedenste Veranstaltungen – im Bereich der Kunst, Politik und Wirtschaft – statt. Heiraten unter dem Förderturm ist auch möglich.

Grubenweg 5, 44388 Dortmund
Telefon: 0231 69 61 111
Di-So 10-18 Uhr, letzter Einlass 17.30 Uhr
www.lwl-industriemuseum.de

BUV-Kleinzeche

Am 10. Mai 1884 gründeten engagierte Bergleute den Bergmann-Unterstützungs-Verein (BUV) Dortmund-Mengede 1884. Der Zweck war die Unterstützung von in Not geratenen Bergleuten.

Nun, im ehemaligen Torhaus der stillgelegten Zeche Adolf von Hansemann wartet eine kleine, einzigartig liebevoll zusammengetragene Ausstellung darauf, entdeckt zu werden: Hier wird nicht nur der Beruf des Bergmanns erfahren, sondern auch das typische Bergmannsleben wird in der kleinen authentischen Wohnung erlebbar. Gruppen fast jeden Alters können bei Kaffee und Kuchen oder einer zünftigen Brotzeit (Vorbestellung) kombinieren. Eigentümerin ist die Kreishandwerkskammer in Dortmund, der Verein wahrt die bergmännische Tradition, Kultur und das Brauchtums sowie die Zugänglichkeit und Öffnung der Dauerausstellung. Ein Prunkstück hier ist eine Wetterlampe, die vom damaligen Fahrsteiger der Zeche Gustav, Wilhelm Ceilenbrügge, nach dem I. Weltkrieg genutzt wurde.

Eintritt frei: Im alten Torhaus, Barbarastraße 7, 44357 Dortmund, Telefon: 0231 35 26 02
jeden 3. Samstag im Monat: 10-16 Uhr & nach Absprache mit Max Rehfeld
www.buv-kleinzeche.de

Kokerei Hansa

Die Kokerei bietet als „begehbare Großskulptur" faszinierende Einblicke in die Geschichte der Schwerindustrie des vergangenen Jahrhunderts. Die 1928 in Betrieb genommene Großkokerei war zeitweise die größte des Ruhrgebiets; seit 1998 stehen die wichtigsten Produktionsbereiche (wesentlicher Bestand von 1928) unter Denkmalschutz.

Die Gebäude sind sachlich-funktional gehalten und streng nach Produktionsablauf gegliedert: Auf der „schwarzen Seite" befinden sich die Koksproduktion. Herzstück dieses Bereichs ist die rund 550 Meter lange Reihe der Koksöfen. Auf der „weißen Seite" liegen die Anlagen für die Gewinnung von Nebenprodukten und die Aufbereitung des Kokereigases. Heute kann die 1992 stillgelegte Kokerei auf dem Erlebnispfad „Natur und Technik" besichtigt werden: hinaus auf den Kohlenturm und zum Herzstück, den Ofenbatterien. Die Maschinenhalle mit einem einmaligen Ensemble von fünf Gaskompressoren aus der Gründungszeit der Kokerei gilt als Juwel der Anlage.

Stiftung Industriedenkmalpflege und Geschichtskultur, Kokerei Hansa
Emscherallee 11, 44360 Dortmund
Telefon: 0231 93 11 22 33
www.industriedenkmal-stiftung.de

Foto: Zielske Fotografie

Foto: Tanja Schneider

Foto: DFM

Naturkundemuseum

Der Oberreallehrer Prof. Edgar Weinert hatte um 1900 die Verantwortung für die naturwissenschaftliche Sammlung seiner Schule. Mit der Zeit wurde diese so umfangreich, dass er mit Hilfe des 1887 gegründeten Naturwissenschaftlichen Vereins vorschlug, ein Museum zu gründen. Weinert wurde 1912 erster Direktor des „Naturkundewissenschaftlichen Museums".

Momentan ist nur ein virtueller Rundgang möglich. Denn in 2016 wird das Museum gänzlich modernisiert.

In der neukonzipierten Dauerausstellung sollen die regional geprägten Lebensräume und Ökosysteme in ihrer Komplexität, aber auch in ihrer Gefährdung gezeigt werden. Das Museum soll somit nicht nur das Bewusstsein für Gegenwart und Vergangenheit der regionalen Lebensräume und deren Fragilität, sondern das Bewusstsein für Umwelt und -schutz schärfen. Nicht zuletzt werden verblüffende Details und die ästhetischen Seiten der Natur präsentiert, um den Besuch zu einem unvergesslichen Erlebnis werden zu lassen.

Münsterstraße 271, 44145 Dortmund
Telefon: 0231 50 24850
www.museumfuernaturkunde.dortmund.de

Museum für Kunst und Kulturgeschichte (MKK)

Wer Kunst und Kultur von den Anfängen bis hin zur Gegenwart im Schnelldurchlauf erfahren möchte, ist im städtischen Museum genau richtig. Das MKK bietet Kulturgeschichte im Zeitraffer: von der Antike bis zum modernen Design.

So präsentiert sich das MKK als gelungene Kombination aus Kunst- und Geschichtsmuseum. Das Museum beherbergt bedeutende Sammlungen zu Malerei und Plastik bis 1900, Möbel, Kunstgewerbe und Design bis zur Gegenwart, Grafik, Fotografie, Textilien, Stadtgeschichte, Archäologie und Vermessungsgeschichte.

Highlights sind der Dortmunder Goldschatz, das romanische Triumphkreuz, die Madonnen des Conrad von Soest sowie das Raritätenkabinett der Renaissance sowie eine umfassende Kunstsammlung mit Werken bedeutender Maler des 18./19. Jahrhunderts.

Die pädagogische Arbeit mit Kindern und Jugendlichen steht hoch im Kurs; Kindergeburtstage kann man hier feiern.

Hansastraße 3, 44137 Dortmund
Telefon: 0231 50 25522
Di, Mi, Fr, So (manche Feiertage) 10–17 Uhr;
Do 10–20 Uhr; Sa 12–17 Uhr, Mo geschlossen
www.mkk.dortmund.de

Magische Momente im Deutschen Fußballmuseum

Der Volleyschuss von Mario Götze 2014, der Elfmeter von Andreas Brehme 1990, Gerd Müllers Abschluss aus der Drehung 1974 oder Helmut Rahns Schuss aus dem Hintergrund 1954 – dafür gibt es seit Oktober 2015 einen dauerhaften Erinnerungsort: das Deutsche Fußballmuseum. Das Museum vis-à-vis des Hauptbahnhofs ist das kulturelle Vermächtnis der WM 2006 im eigenen Land und wurde vom DFB initiiert. 2009 erhielt die Stadt den Zuschlag.

Ob Nationalmannschaft, Bundesliga, DFB-Pokal oder Europapokal: Auf einer Gesamtfläche von 7700 Quadratmetern wird durch eine interaktive und multimediale Inszenierung sowie mit mehr als 1600 Exponaten die deutsche Fußballgeschichte vermittelt und erlebbar gemacht. Gleichzeitig ist das Museum mit seiner Multifunktionsarena ein Forum der Begegnung und Diskussion. Dazu trägt auch das Kulturprogramm bei – mit Veranstaltungen wie Galas, Lesungen und TV-Produktionen.

Königswall 20, 44137 Dortmund
Di-Fr 9-18 Uhr; Sa, So
und an Feiertagen 10-18 Uhr
Tickets: 0231 22 22 19 54 (Di-Fr 10-16 Uhr)
www.fussballmuseum.de

Foto: Alexandre Simoes

Foto: Brauerei-Museum

Foto: Apothekenmuseum

Borusseum

Das Borusseum, das Vereinsmuseum von Borussia Dortmund, ist ursprünglich auf eine Initiative der Fans hin entstanden. Maßgeblich beteiligt war die BVB-Fanabteilung. Den Initiatoren ist es zu verdanken, dass neben der sportlichen Entwicklung auch die besondere BVB-Fankultur dokumentiert wird. In keinem anderen Vereinsmuseum spielt die Geschichte der Fans eine ähnlich große Rolle.

Das Borusseum kann man selbst erkunden und auch auf fachkundige Führungen zurückgreifen, Veranstaltungen besuchen, Sonderausstellungen bewundern und Kindergeburtstage in schwarzgelber Atmosphäre feiern.

Wer die Entwicklung von jenem vierten Adventssonntag 1909 bis zur Gegenwart durchlebt, dem wird bewusst, dass Spieler, Verantwortliche und Fans kommen und gehen, aber eins immer bleibt: der Verein. „Aber eins, aber eins das bleibt bestehen, Borussia Dortmund wird nie untergeh'n".

Strobelallee 50, 44139 Dortmund
Telefon: 0231 90 20 1368
Mo bis Fr: 10 bis 18 Uhr,
Sa/So/Feiertagen/Ferien: 9.30 bis 18 Uhr,
Sonderöffnungszeiten nach Vereinbarung
www.bvb.de/Der-BVB/Borusseum

Brauerei-Museum

Mit Kohle und Stahl bildete das Bier den Dreiklang, der Dortmund zur führenden deutschen Industriestadt im 20. Jahrhundert machte. Das Brauerei-Museum widmet sich der langen und erfolgreichen Brautradition und der Geschichte ihrer zahlreichen Brauereien. Angefangen bei der Bierherstellung im Mittelalter gibt es Wissenswertes zu Brautechnik und Bierkonsum aus der Blütezeit der Bierstadt Dortmund seit den 1950er Jahren bis ins späte 20. Jahrhundert. Seit 2006 ist das Museum im 1912 errichteten Maschinenhaus und der Maschinenhalle der ehemaligen Hansa-Brauerei untergebracht. Das angrenzende Sudhaus der Hansa-Brauerei wurde 1912 von Emil Moog errichtet und ist das einzige komplett erhaltene Zeugnis großindustriellen Brauwesens in Dortmund aus der Zeit vor dem Ersten Weltkrieg. Heute gilt das historische Gebäude als Wahrzeichen der Nordstadt und zugleich als Symbol für die über 700-jährige Dortmunder Bierkultur.

Steigerstraße 16, 44145 Dortmund
Telefon: 0231 8400200
Di, Mi, Fr, So 10-17 Uhr, Do 10-20 Uhr,
Sa 12-17 Uhr, Mo geschlossen
www.brauereimuseum.dortmund.de

Apothekenmuseum

In den Tiefkellern der Adler-Apotheke Dortmund *1322, der ältesten Apotheke in NRW, überrascht dieses Kleinod jeden Besucher. Mit weit über 7000 Exponaten ist dieses Museum die größte private pharmaziehistorische Sammlung Deutschlands, deren älteste Stücke über 2000 Jahre alt sind. Hier findet der Besucher Mörser, Tablettenpressen, Destillieröfen, Botanisiertrommeln, Zäpfchenpressen, alte Fachliteratur und Tier- und Menschenteile, aus denen früher Arzneimittel hergestellt wurden. In den Führungen erfahren Sie, wie anno dazumal Pillen gedreht und Zäpfchen gegossen wurden. Ein Museum zum „Erfassen und Erleben"!

Als Vorläufer der heutigen Adler-Apotheke gab es einen „Herbator bzw. einen Krudener", der zwischen der Reinoldi- und Marienkirche oder in den Budengassen zwischen Markt und Westenhellweg seine Verkaufsbude stehen hatte – und schließlich sesshaft wurde. 1385 wurde ein Nachfolger eingebürgert. Der Arzneimittelhandel brachte der Stadt übrigens gute Steuern ein.

Markt 4, 44137 Dortmund
Telefon: 0231 / 22 36 06
Öffnungszeiten nur in Verbindung mit Führung
www.apotheken-museum.de

Foto: Heimtamuseum

Foto: Deutsches Kochbuchmuseum

Foto: Roland Baege

Heimatmuseum Lütgendortmund 1988 e.V.

Untergebracht im östlichen Vorhof-gebäude im Haus Dellwig zeigt das kleine, charmante Museum in sechs Räumen wie die Menschen früher in Lütgendortmund und Umgebung gelebt und gearbeitet haben. Gegenstände des täglichen Lebens aus Handwerk, Landwirtschaft, Arbeiterwelt und Haushalt sowie traditionelle Berufe werden vorgestellt, darunter die des Schmieds, des Bäckers, Schlossers, Sattlers, Schuhmachers und des Tischlers.

Aus dem kaufmännischen Bereich sind Büromaschinen und -einrichtungen und Zeugnisse von vielen Lütgendortmunder Firmen und Geschäften ausgestellt. Zahlreiche Bilder und Fotos machen die Geschichte Lütgendortmunds lebendig. Außerdem bietet das Heimatmuseum sehenswerte Exponate zum Thema Bergbau wie auch zur Geschichte des Lütgendortmunder Vereinslebens.

Dellwiger Straße 130, 44388 Dortmund
Telefon: 0231 60 41 86
Öffnungszeiten: April-Oktober
Sonn- und Feiertags 10.30-13 Uhr
Führungen für Gruppen
(ganzjährig nach Voranmeldung):
Telefon: 0231 69 28 66 - Frau Steber
oder: 0234 26 27 41 - Herr Werche
www.museum-luedo.de

Kochbuchmuseum

Das Deutsche Kochbuchmuseum ist derzeit geschlossen; eine geplante Wiedereröffnung ist im Herbst 2016 in der Dortmunder Innenstadt geplant. Nach 22 Jahren hat das Deutsche Kochbuchmuseum Anfang 2011 sein Domizil im Dortmunder Westfalenpark verlassen. Mit einer neuen Konzeption zum Thema „Vielfalt der Kulturen" und „Gesunde Ernährung" wird es an einen neuen Standort ziehen. Hier erwartet Interessierte auch ein neues, vielfältiges museumspädagogisches Programm. Die Bibliothek bleibt vorerst am alten Standort und steht weiterhin für Interessierte offen, die nach einem bestimmten Rezept suchen oder sonstige Fragen zu Kochbüchern haben. Das Team der ehrenamtlichen Mitarbeiterinnen von proKULTUR, das in den vergangenen Jahren die Bestände bearbeitet und systematisiert hat, ist in der Regel mittwochs in der Zeit von 10 bis 14 Uhr da. Für wissenschaftliche Recherchen kann die Bibliothek nach entsprechender Vereinbarung genutzt werden.

Bibliothek des Deutschen Kochbuchmuseums:
An der Buschmühle 3, 44139 Dortmund
Telefon: 0231 50-25741
Anmeldung unter Telefon: 0231 50-25509
www.kochbuchmuseum.dortmund.de

Museum Ostwall

Das MO befindet sich seit 2010 nicht mehr am Ostwall, sondern im Dortmunder U. Das städtische Museum für die Kunst des 20. Jahrhunderts bis zur Gegenwart zeigt in der 4./5. Etage seine Sammlung. Es zeigt die Kunstrichtungen des Expressionismus, des Fluxis, des Nouveau Rélisme und der Konkreten Poesie. Es beinhaltet Werke aus dem Bereich des Informel und Arbeiten mit dem Schwerpunkt Farbmalerei. Wechselausstellungen (6. Etage) zeigen Positionen moderner und zeitgenössischer Kunst. Im Bereich der kulturellen Bildung (2. Etage) öffnet das Museum in Kunstwerkstätten und Medienlabors allen Generationen besonderen Zugang zu allen Kunst-Gattungen. Das gemeinsam mit der Technischen Universität betreute Intermedia-Archiv Hans Breder ist ein weiterer Schwerpunkt der Ausstellung. Schlagzeilen gab's in 2011, als eine Putzfrau einen Teil des mit 800.000 Euro versicherten Kunstwerks „Wenn's anfängt durch die Decke zu tropfen" von Martin Kippenberger sauber putzte und unwiederbringlich zerstörte.

Leonie-Reygers-Terrasse, 44137 Dortmund
Telefon: 0231 50-24723
Di, Mi, Sa, So 11-18 Uhr; Do, Fr 11 bis 20 Uhr
www.museumostwall.dortmund.de

Foto: Bärbel Liebmann-Uebbing

Foto: Schulmuseum

Dauerausstellung Gisbert Gerhard

Kindermuseum Adlerturm – Dortmund im Mittelalter

Erst 1983 wurden die Grundmauern des mehr als 700 Jahre alten Adlerturms bei Bauarbeiten entdeckt. 1990 begann der Wiederaufbau auf den originalen Fundamenten. Seit 2012 gibt es im völlig neu konzipierten Kindermuseum Adlerturm – Dortmund im Mittelalter auf fünf Etagen Dortmunder Stadtgeschichte zum Ausprobieren und Anfassen für Klein und Groß.

An zahlreichen Mitmachstationen wie Kleider- und Rüstkammer oder Hör- und Riechstationen können Jungen und Mädchen das Mittelalter mit allen Sinnen begreifen. Auf den fünf Etagen des Adlerturms erfahren sie allerhand Spannendes: Auf einer Etage kann man erfahren, wie so ein mittelalterlicher Wachturm überhaupt gebaut wurde. Welche Geräte hat man zum Beispiel eingesetzt, um die schweren Steine anzuheben? Welche Tricks nutzen die Bürger? Werkzeuge laden zum Ausprobieren ein. Im Fall eines Angriffs wurde die Stadt von hier aus verteidigt.

Günter-Samtlebe-Platz 2 (ehem. Ostwall 51a), 44135 Dortmund, Telefon: 0231 5026031
Di, Mi, Fr 10-13 Uhr, Do & So 10-17 Uhr, Sa 12-17 Uhr; Mo geschlossen
www.adlerturm.dortmund.de

Westfälisches Schulmuseum

Bereits seit 1910 gibt es das Westfälische Schulmuseum in Dortmund-Marten. In dem einstigen, schmucken Schulgebäude (Baujahr 1905) ist eine der größten schulgeschichtlichen Sammlungen Deutschlands untergebracht. Im zentralen Raum der ständigen Ausstellung ist ein Klassenzimmer aus der Zeit um 1910 nachgestellt. Dazu finden die Besucher viel Informatives zur Volksschule und zur Rolle der Lehrerin in der damaligen Zeit. Dabei dient das Schulmuseum als Forschungsstätte zur Schulgeschichte.

Weitere Schwerpunkte bilden die Kindheit, Schule und Lehre im späten Mittelalter, der Zeit Kaiser Wilhelms II. sowie Schule und Erziehung zur Zeit des Nationalsozialismus.

Das Publikum darf sich auf Führungen, wechselnde Veranstaltungen am Sonntagnachmittag, unterhaltsame Programme für Erwachsene und Familien, Angebote für Vorschulkinder, Schulklassen und Studierende sowie Kindergeburtstage zu verschiedenen Themen freuen.

An der Wasserburg 1, 44379 Dortmund
Telefon: 0231 613095
Di - So 10-17 Uhr, Mo geschlossen
www.schulmuseum.dortmund.de

mondo mio! Kindermuseum im Westfalenpark

Man muss keine große Reise machen, um Abenteuer in anderen Ländern zu erleben. Das Kindermuseum mondo mio! im Dortmunder Westfalenpark führt auf vergnügliche Entdeckungsreisen durch die ganze Welt. Wie fühlt es sich an, Wasser aus einem Brunnen zu holen? Wie lebt es sich ohne Stromversorgung? Was tun, wenn es kein Spielzeug zu kaufen gibt?

Das alles kann man bei mondo mio! nicht nur entdecken, sondern an vielen Spiel- und Mitmachstationen selbst ausprobieren. In der Ausstellung „Weltenkinder" dreht sich alles um Heimat, Familie und die Frage „Was brauchen wir, um uns überall auf der Welt zu Hause zu fühlen?".

mondo mio! ist ein Erlebnis für die ganze Familie, ein Ort zum Staunen, Mitmachen und Begreifen und – für Familien im Westfalenpark ein kostenloses Angebot. Mit Anmeldung werden auch Workshops für Schulklassen, Kitas und Freizeitgruppen sowie Kindergeburtstage veranstaltet.

Florianstraße 2, 44139 Dortmund
Zugang frei, nur Eintritt für Westfalenpark
Mo-Fr 13.30-17 Uhr, Sa/So/Feiertag 11-18 Uhr
www.mondomio.de

Foto: Sebastian Hellmann, ruhrgebiet-industriekultur.de

Repro: Tanja Schneider

Foto: Polizeiausstellung „Eins Eins Null"

Nahverkehrsmuseum

Das Nahverkehrsmuseum befindet sich im ehemaligen Betriebswerk der Ruhrkohle Bahn- und Hafenbetriebe. Auf ca. sechs Kilometer umliegender ehemaliger Hoesch- und Zechengleise wird ein musealer Fahrbetrieb mit historischen Dortmunder Straßenbahnen zum benachbarten Kokereimuseum Hansa in Huckarde geboten. Da die Strecke nicht elektrifiziert ist, werden die Straßenbahnfahrzeuge durch angekoppelte Generatorwagen mit Strom versorgt. Die Exponate vermitteln plastisch und zum Anfassen die beschriebene Entwicklung auf dem Dortmunder Straßenbahnnetz. In einige Wagen darf man einsteigen und auf den alten Holzbänken Platz nehmen oder den Führerstand begutachten. So existieren beispielsweise Bahnen mit einer dritten Mittelachse, mit und ohne der zeitweise typischen Dortmunder Frontform, mit Holzbänken oder Stoffsesseln.

Anfang 2013 nahm der Regionalverband Ruhr das Verkehrsmuseum in die Route der Industriekultur auf.

Westfälische Almetalbahn e.V., Mooskamp 23, 44359 Dortmund
Telefon: 0231 39 5 64 17
April - Oktober: jeden 3. Sonntag von 12 - 17 Uhr
www.bahnhof-mooskamp.de

Automobil-Museum

Ein Mekka für Fans von Oldtimern ist das Automobil-Museum in Dortmund-Wichlinghofen. Von „alten Schätzchen" der Marken Jaguar, Ferrari, Horch, MG, Alfa Romeo, VW, Mercedes und vielen anderen bis hin zu einer Sammlung historischer Motorräder reicht die ständig wechselnde Ausstellung. Für „große Kinder" steht zudem ein Formel-1-Simulator bereit. Wer möchte, kann sein fahrerisches Geschick testen und eine Runde im Cockpit eines Rennboliden auf einer Formel-1-Rennstrecke seiner Wahl drehen. Und wer sich an den Exponaten nicht satt sehen konnte, hat auch vom angeschlossenen italienischen Restaurant noch einen guten Blick aufs edle Blech.

Seit Anfang 2013 übergibt OVYS alle Fahrzeuge am Automobil-Museum Dortmund. Da wird das Abholen eines Fahrzeugs zum Erlebnis. Die Sammlung zählt über 40 Klassiker. Der privaten Initiative der Familie Edler von Graeve verdankt Dortmund dieses abwechslungsreiche Museum mit hochwertigen Exponate und Oldtimer.

Brandisstraße 50, 44265 Dortmund
Telefon 0231 475 69 79
täglich außer dienstags 12-18 Uhr
www.oldiemuseum.de

Polizeiausstellung „Eins Eins Null"

Direkt über dem Haupteingang des Polizeipräsidiums Dortmund befindet sich die, in dieser Art einmalige Polizeiausstellung „Eins Eins Null", die im Volksmund als Kriminalmuseum bekannt ist. Hier geben die Experten Verhaltenshinweise und Einblicke in die polizeiliche Arbeit, zeigen Kriminalitätsphänomene auf, und machen die Rolle der Polizei Dortmund in der Zeit des Nazi-Regimes deutlich.

Wer schon immer wissen wollte, wie eine Verkehrsunfallaufnahme aussieht oder wie arbeiten Polizeibeamte bei Familienstreitigkeiten, Schlägereien oder bei einem Heimspiel des BVB? Wie werden Fingerabdrücke genommen? Wie gehen Täter bei Trickbetrügereien vor? Dies ist nur ein kleiner Teil der Fragen, die hier beantwortet werden.

Im geschichtlichen Teil erfährt der Besucher viele Umstände zur polizeilichen Stadtgeschichte, die selbst Ur-Dortmunder nicht kennen. Eine spannende, historische Reise aus der Vergangenheit bis hin zur Gegenwart.

Die Polizeiausstellung ist ab April 2016 nach Umbauarbeiten wieder geöffnet.
Telefon 0231 132 1034
polizeiausstellung.dortmund@polizei.nrw.de

Quelle: Stadt Dortmund

Steinwache Dortmund

Die Steinwache ist seit 1992 eine Mahn- und Gedenkstätte an die Zeit des Nationalsozialismus und beherbergt die ständige Ausstellung „Widerstand und Verfolgung in Dortmund 1933–1945" des Dortmunder Stadtarchivs.

Die Polizeiwache an der Steinstraße entstand 1906 als Sitz des für die nördliche Innenstadt zuständigen 5. Polizeireviers. Wie überall im Deutschen Reich nutzte die Gestapo ab 1933 die Einrichtungen der „normalen" Polizei; so wurde die Steinwache bald nicht nur zum Gefängnis für die von der Gestapo verfolgte politische Opposition der Nationalsozialisten, sondern Ort brutaler Verhöre und Folterungen. Über 66.000 Menschen waren von 1933 bis 1945 hier inhaftiert.

In den 80er-Jahren war der gesamte Gebäudekomplex vom Abriss bedroht. Ein Konzept zu einer Umwandlung des Gefängnis-Traktes in eine Mahn- und Gedenkstätte und die Integration der Ausstellung „Widerstand und Verfolgung" wurde auf fünf Geschosse und auf ca. 1.200 Quadratmetern umgesetzt.

Steinstraße 50, 44147 Dortmund
Telefon 0231 5025002
Di-So 10-17 Uhr
www.steinwache.dortmund.de

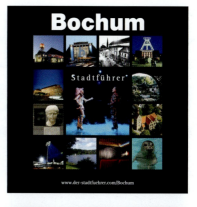
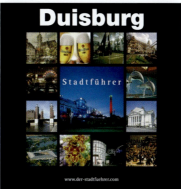
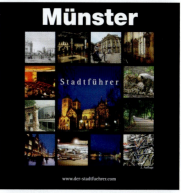

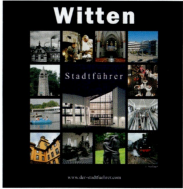

SEHENS-
WÜRDIGKEITEN

Quelle: Stadt Dortmund

Quer durch die Stadt haben wir für Sie eine Auswahl an unterschiedlichsten Sehenswürdigkeiten recherchiert und stellen Ihnen diese historischen Monumente vor.

Foto: Stefanie Kleemann / Stadt Dortmund

Rathaus

Das Neue Rathaus der Stadt Dortmund befindet sich am Friedensplatz und wird vom Stadtgarten umrahmt. Das alte Rathaus am „Alten Markt" war 1955 endgültig abgerissen worden. Zuvor gab es Diskussionen: Der Mangel an geeigneten Repräsentationsräumen der Stadt für Empfänge, der zu kleine Ratssaal im alten Stadthaus, fehlende Räume für Fraktionsgeschäftsstellen und Besprechungen führten 1974/1975 in Dortmund zu einer intensiven Debatte um die Errichtung eines neuen Rathauses.

Das jetzige quadratische Gebäude – von den Dortmundern zeitweise auch als „Bierkasten" bezeichnet – wurde in den Jahren 1987 bis 1989 nach Plänen des Architekten Dieter Kälberer im Stil der

Moderne errichtet. Der rötliche Granit korrespondiert mit dem gegenüberliegenden Alten Stadthaus.

Das Pflastermuster des Friedensplatzes spiegelt exakt die Geometrie des Rathauses wider. Das Zentrum des Hauses bildet eine 28 Meter hohe – von einer gläsernen Kuppel gekrönten – Bürgerhalle.

Sie erschließt im Erdgeschoss die Ausstellungsräume mit Ausstellungen über die Dortmunder Stadtgeschichte und das Ratscafé. Über eine zweiläufige Freitreppe wird die parlamentarische Ebene erreicht. Dort liegt der Ratssaal, der durch eine nach außen vorgewölbte Glasfassade Transparenz symbolisieren soll.

Friedensplatz 1, 44135 Dortmund

Altes Stadthaus

Das Alte Stadthaus der Stadt Dortmund wurde 1899 nach einem Entwurf von Stadtbaurat Friedrich Kullrich im Stil der Neurenaissance errichtet.

Das viergeschossige Stadthaus weist eine klare Hierarchie der einzelnen Gestaltungsebenen der Fassade auf. Die vier Geschosse sind aus rotem Sandstein in Verbindung mit weiß verputzen Flächen gestaltet. Sie werden durch Zierbänder voneinander getrennt. Besonders detailreich ist die Frontfassade mit dem Adler als Dortmunder Stadtwappen an der Spitze des Giebels.

Im Erdgeschoss befinden sich große dreiteilige Rundbogenfenster. Zwischen zwei Fenstern der Westseite befindet sich der westfälische Spruch „So fast as düörpm" („So fest wie Dortmund"). Nach der Zerstörung im Zweiten Weltkrieg wurde das Stadthaus restauriert und wiederaufgebaut – allerdings nicht bis ins kleinste Detail.

Hauptnutzer des Alten Stadthauses ist die Dortmunder Stadtverwaltung. Als Verbindung zwischen Altem und Neuem Stadthaus dient die 2002 errichtete Berswordt-Halle, mit ihrer spiegelnden Glasfassade. Und genau diese Spiegelung des alten Stadthauses in der Berswordthalle haben Fotografen und Touristen wahrscheinlich schon mehr als einmal belichtet.

Kleppingstraße 37, 44137 Dortmund

Quelle: Stadt Dortmund

Berswordthalle

Die Berswordthalle (2002) verbindet das alte und das neue Stadthaus, in denen Teile der Verwaltung untergebracht sind. Zwei Eingänge gibt's: an der Klepping-straße und am Friedensplatz. Die Familie Berswordt gehörte zur Führungsschicht im mittelalterlichen Dortmund. Die Halle hat eine offene Glas-Stahlkonstruktion. Hier finden sich Geschäfte und Gastronomie; regelmäßige Veranstaltungen und Kunstausstellungen gehören dazu.

Kleppingstraße 37, 44137 Dortmund

Foto: Stefanie Kleemann

Bibliothek

Die Stadt- und Landesbibliothek befindet sich gegenüber dem Hauptbahnhof. Sie wurde von dem Schweizer Architekten Mario Botta entworfen und im Mai 1999 bezogen. Die Bestände umfassen rund eine Millionen Medien sowie ca. 7500 Zeitschriftentitel. Außerdem stehen den Benutzern ein umfangreiches elektronisches Angebot (E-Books, E-Zeitschriften, E-Zeitungen) zur Verfügung.

Max-von-der-Grün-Platz 1-3, 44137 Dortmund

Foto: Frank Vincentz / wikipedia

Altes Hafenamt

Mit 46 Metern thront es majestätisch und unbeeindruckt. Eingeweiht am 11. August 1899 durch Kaiser Wilhelm II. Erbauer Friedrich Kullrich setzte in Anlehnung an die niederländische Renaissance den Bezug zur Nordseeküste architektonisch um. Die ungewöhnliche Architektur wird durch den sechseckigen Grundriss unterstützt. Im Inneren birgt das von außen reich verzierte Gebäude stadthistorische und maritime Schätze.

Sunderweg 130, 44147 Dortmund

Foto: Alexandre Simoes / BVB

Signal Iduna Park

81 359 Fans feiern hier seit 1974 die Erfolge des Fußballvereins Borussia Dortmund. Das ehemalige Westfalenstadion ist das größte Fußballstadion Deutschlands. Auf der Südtribüne mit 25000 Stehplätzen errichten die Fans die „Gelbe Wand" und feuern ihre Idole an. Das Stadion war Austragungsort der Weltmeisterschaften 1974 und 2006. Mit den gelben Pylonen ist das Wahrzeichen der Stadt von weitem sichtbar.

Strobelallee 50, 44139 Dortmund

Foto: Lucas Kaufmann / wikipedia

Fernsehturm

Als die Bundesgartenschau 1959 in Dortmund gastierte, suchten die Organisatoren eine Attraktion für die Besucher und zur gleichen Zeit suchte die Deutsche Post einen Sendemast am Rheinlanddamm. So entstand der Floriantum im Westfalenpark mit einer Höhe von 219,3 Metern. Als Aussichtspunkt ist der Florianturm heute bereits aus der Ferne sichtbar und zieht viele Besucher an.

Florianstraße 2, 44139 Dortmund

Foto: Hannes Woidich

Dortmunder U

Der sieben Stockwerke umfassende und 70 Meter hohe Gewerbebau ist bautechnisch ein Hochhaus. Der scheinbar entgegengesetzt zu seiner vertikalen Ausrichtung als Kellerhochhaus, Kühlhaus und Gär- und Lagerkeller bezeichnete Komplex wurde nach Plänen des auf Brauereigebäude spezialisierten Dortmunder Ingenieurs und Architekten Emil Moog – in nur 14 Monaten – gebaut.

Leonie-Reygers-Terrasse, 44137 Dortmund

Foto: Tanja Schneider

Westenhellweg

Stündlich flanieren Tausende Menschen; das breite Angebot lässt keine Wünsche offen. Der Westenhellweg folgt der mittelalterlichen Heer- und Handelsstraße Hellweg. Zusammen mit dem Ostenhellweg bildet er den Verlauf des alten Weges innerhalb der historischen Mauern. Der Westenhellweg beginnt nahe der Reinoldikirche und erstreckt sich als Fußgängerzone gen Westen. An der Petrikirche geht's über die Katharinentreppe zum Hauptbahnhof.

Westenhellweg

Foto: Tanja Schneider

Thier-Galerie

Die Thier-Galerie wurde 2012 als innovativstes Einkaufszentrum ausgezeichnet und liegt im Südwesten der Innenstadt auf dem Gebiet der ehemaligen Dortmunder Thier-Brauerei. Lediglich der ehemalige Verwaltungsbau wurde vollständig erhalten. Eine architektonische Besonderheit ist das Haus-in-Haus-Konzept. Das Einkaufszentrum ist neungeschossig konzipiert. Die Zugänge sind am Hohen Wall, an der Silberstraße und am Westenhellweg.

Hoher Wall, Silberstraße, Westenhellweg

Foto: Tanja Schneider

Harenberg City Center (HCC)

Mit seinen 70 Metern ist das HCC eines der höchsten Häuser der Stadt. Eröffnet 1994 ist es zu einem Symbol für den Strukturwandel im Ruhrgebiet geworden. Viele Stars, Sänger und Künstler von internationalem Rang gastierten bereits dort. Im HCC finden Kongresse, Präsentationen und festliche Empfänge statt. Das Verlagshaus, das sich am südlichen Bahnhofsvorplatz befindet, bietet auf 21 Etagen Platz für rund 600 Mitarbeiter aus 20 Unternehmen.

Königswall 21, 44137 Dortmund

Foto: Tanja Schneider

Krüger Passage

Die älteste Passage (um 1900) mit Jugendstil-Elementen wurde nach der Buchhandlung und Druckerei, die am Eingang zum Westenhellweg ihren Sitz hatte, benannt. Das Krügerhaus selbst wurde 1912 fertiggestellt. Im Zweiten Weltkrieg wurde der Nordteil stark beschädigt. Beim Wiederaufbau wurde auf die große Kuppel verzichtet. Zur Kampstraße hin entstand ein Neubau im Stil der 50er-Jahre Architektur.

Westenhellweg, 44137 Dortmund

Foto: Tanja Schneider

Stilwerk

Das ehemalige Inhouse liegt zentral an der B1. Auf einer Gesamtfläche von rund 8.000 Quadratmeter präsentieren sich in dem 2008 zum Designcenter umgebauten Gebäude erstklassige, internationale Einzelhändler, Raumausstatter, verwandte Dienstleister sowie eine exquisite Gastronomie. Kunden finden hier ein umfangreiches Angebot an renommierten Marken und Herstellern sowie Dienstleistern.

Rosemeyerstraße 14, 44139 Dortmund

Foto: Wirtschaftsförderung Dortmund

RWE Tower

Der RWE Tower (2003) ist ein Bürohochhaus auf dem Platz von Amiens und wird als Konzernzentrale der RWE Vertrieb AG genutzt. Mit einer Höhe von knapp 91 Metern (100 Meter inklusive Antenne) ist er das vierthöchste Bauwerk in Dortmund. Das 22-stöckige Bürogebäude, dessen Grundform einer Linse gleicht, besitzt einen massiven Betonkern und eine tragende Außenwand aus Stahlbetonfertigteilen.

Freistuhl 7, 44137 Dortmund

Foto: Sandy Müller

Haus Rodenberg

Erstmals erwähnt wurde es im 13. Jahrhundert. Zwischen 1689 und 1698 wurde die Burg in ein barockes Wasserschloss umgebaut – und als wehrhafte Anlage konzipiert. Der schlichten Formensprache der Renaissance entsprechend waren Gartenteile als umgrenzte Bereiche angelegt. Im 19./20. Jahrhundert verfiel die Burg. Erhalten ist die Vorburginsel, die Gräfte, der Hausteich und Reste der Umfassungsmauer. Die Stadt kaufte das Haus 1985.

Rodenbergstraße 36, 44287 Dortmund

Foto: Sandy Müller

Haus Bodelschwingh

Das Wasserschloss im Renaissancestil mit englischem Landschaftspark und weitläufiger Vorburg ist eine der letzten Anlagen im Ruhrgebiet, die sich noch in Privatbesitz befinden und nur selten für die Öffentlichkeit geöffnet ist. Errichtet wurde das Schloss um das Jahr 1300 auf Eichenpfählen. Ursprünglich war es Stammsitz der Familie von Bodelschwingh, durch Heirat der Erbtochter kam es Ende des 19. Jahrhundert an die Familie zu Innhausen und Knyphausen.

Schloßstraße 75, 44357 Dortmund

Foto: Eurext / wikipedia

Hörder Burg

Das ursprünglich als Wasserburg angelegte Gebäude stammt aus dem 12. Jahrhundert. 1673 wurde es durch einen Brand zerstört. 1840 kaufte der Iserlohner Fabrikant Hermann Diedrich Piepenstock die Ruine und eröffnete auf dem Gelände die spätere Hermannshütte. 1920 bis 1922 wurde als Verwaltungsgebäude eine Vorburg im Stil des Historismus hochgezogen. Die Burg beherbergt heute ein Museum zur Hörder Heimatgeschichte.

Hörder Burgstraße 18, 44263 Dortmund

Foto: Tanja Schneider

Haus Wenge

Mit seiner leuchtenden rot-orangenen Fassade sticht der ehemalige Adelssitz in Lanstrop ins Auge. Die Grundmauern und Teile der Umfassung stammen aus dem 13. Jahrhundert. Das zweigeschossige Herrenhaus mit dem Staffelgiebel in Backstein und den Steinkreuzfenstern entstand dann im 16. Jahrhundert und zeigt – als einziges im Raum Dortmund erhaltenes Adelshaus - noch gotische Formen.

Alekestraße 4, 44329 Dortmund

Foto: Sandy Müller

Haus Schulte-Witten

Bei Brautpaaren besonders beliebt ist das 1880 erbaute Herrenhaus in Dorstfeld. Die Stadt bietet dort Ambiente-Trauungen an. Orientiert an den großen Unternehmervillen der Ruhr, entstand dieser Bau für einen durch den Bergbau wohlhabend gewordenen Landwirt. Im 20. Jahrhundert wurde Haus Schulte-Witten neu gestaltet. Im Innern beispielsweise wirkt das Haus sehr herrschaftlich.

Wittener Straße 3 , 44149 Dortmund

Foto: Stefanie Kleemann

Torhaus Rombergpark

Das Torhaus Rombergpark ist der einzige Teil des Wasserschlosses Brünninghausen, der noch erhalten ist. Heute wird er als städtische Kunstgalerie regelmäßig für verschiedene Veranstaltungen genutzt. Über eine schmale Wendeltreppe erreicht man den ca. 100 Quadratmeter großen halbrunden Saal. Das Torhaus ist außerdem bei Brautpaaren beliebt, die sich ein tolles Ambiente für ihre Trauung wünschen.

Am Rombergpark 65, 44225 Dortmund

Foto: Stefanie Kleemann

Foto: Tanja Schneider

Foto: Björn Kreis / wikipedia

Burgruine Hohensyburg

Nach Überlieferung wird vermutet, dass die Wallburg keine reine Fliehburg war, sondern eine Siedlung hatte. Eine Fliehburg war eine Burg, in die Menschen aus der Umgebung mit ihrer ganzen Habe bei Kriegsgefahr flüchteten. Diese These konnte allerdings bisher mangels Grabungen nicht bestätigt werden. Wegen der strategisch günstigen Lage – oberhalb des Zusammenflusses von Ruhr und Lenne mit sagenhaftem Ausblick über das Ruhrtal – und günstigen Topographie erbauten die Westfalen auf dem Sieberg eine 14 Hektar umfassende Wallburg. Der Hauptwall besteht aus einem Trockenmauerkern, der mit Erde aus den vorgelagerten Gräben überschüttet wurde. Im Jahr 775 wurde die Burg von Karl dem Großen erobert und zum Bollwerk gegen die Sachsen umfunktioniert. Die um 1100 aus Ruhrsandstein erbaute Burg wurde 1287 teilzerstört. Die Burganlage war seit 1300 kaiserliches Lehen der Grafen von der Mark. Von 1810 bis 1844 war die Ruine im Besitz des Freiherrn Ludwig von Vincke. Danach gehörte sie der Provinz Westfalen; seit 1945 ist sie im Besitz des Landschaftsverbandes Westfalen-Lippe. Zwei Bergfriede, der Mauerring und die vorgelagerten Wälle um die Hofanlage sind noch zu erkennen. Im Innern befindet sich ein Kriegerdenkmal von Fritz Bagdons.

Hohensyburgstraße 200, 44265 Dortmund

Wehrkirche St. Peter

Ein Vorläuferbauwerk der heutigen Kirche wurde bereits 776 urkundlich erwähnt. Ende des Zweiten Weltkrieges wurde das Langhaus fast komplett zerstört. Bei dem Wiederaufbau 1953 bis 1954 ging der Wehrkirchencharakter verloren. Der angeschlossene Friedhof hat 190 Grabsteine und 20 weitere in der Kirche. Auch heute noch finden in der Kirche regelmäßig Gottesdienste und Konzerte statt.

Syburger Kirchstraße 8, 44265 Dortmund

Foto: Sebastian Hellmann, ruhrgebiet-industriekultur.de

Vincke-Turm

Neben der Hohensyburg ragt seit dem Jahr 1857 der Vincke-Turm. Er ist benannt nach Ludwig Freiherr von Vincke. Die Ehrung erfolgte wegen großer Verdienste nach der französischen Herrschaft (1806 bis 1813). Von dem achteckigen, neugotischen Turm aus bietet sich ein toller Ausblick. 1955 wurde der Turm restauriert und wiederhergestellt. Der heutige Eigentümer ist der Landschaftsverband Westfalen-Lippe.

44265 Dortmund, jederzeit frei zugänglich

Kaiser-Wilhelm- Denkmal

Hoch zu Ross und weithin sichtbar steht das Denkmal zu Ehren des Kaisers Wilhelm I. – nur wenige Meter von der Syburg entfernt. Auf einer begehbaren Empore zeigt der Steinklotz ein Reiterstandbild des Kaisers, flankiert von Standbildern des preußischen Reichskanzlers Otto Graf von Bismarck sowie des preußischen Generalfeldmarschalls Graf von Moltke.

Das Kaiserdenkmal wurde 1902 enthüllt und zeigte ursprünglich zwei weitere Standbilder. Die Nationalsozialisten reduzierten 1935 die Denkmalgruppe und deuteten sie damit bewusst um. Sie entfernten die Skulpturen der beiden Söhne Wilhelms I., Kaiser Friedrich III. und Prinz Friedrich Karl. Der Kaiser war nun nur noch von Bismarck und Moltke umgeben; seine Rolle als Alleinherrscher wurde somit betont. Infolge der Abtragung der flankierenden Turmbauten erhielten die Standbilder Bismarcks und Moltkes ihren neuen Standort vor den seitlichen Nischen des Hauptturms. Die Lebensdaten Kaiser Wilhelms I. wurden durch das Datum der Reichsgründung, 18. Januar 1871, ersetzt.

Der große Platz unter dem Denkmal bietet einen ausgezeichneten Ausblick über das Hagener Ruhrtal, den zu Füßen liegenden Hengsteysee mit dem Pumpspeicherkraftwerk und Teile der Hagener Innenstadt.

44265 Dortmund, jederzeit frei zugänglich

Foto: MBDortmund

Foto: Tanja Schneider

Foto: Tanja Schneider

Dreifaltigkeitskirche

Aus dieser Gemeinde entsprang im Jahr 1909 der heutige Fußballverein Borussia Dortmund. Im Jahr 1900 wurde das Gotteshaus fertiggestellt. Die Bausumme für die neuromanische dreischiffige Säulenbasilika über kreuzförmigem Grundriss mit einer Doppelturmfassade belief sich auf 180.000 Mark. Der Ziegelbau war mit grob behauenen großen Quadersteinen verblendet, um so im Sinne der Romanik das Mauerwerk stark erscheinen zu lassen. Im Innern bot die Kirche 1000 Sitzplätze und 500 Stehplätze.

Die wachsende Zahl von Gemeindemitgliedern ließ eine intensive Vereinsarbeit entstehen. Im Jahr 1906 traf sich eine Gruppe Sportbegeisterter jeden Sonntag zum Fußballspielen am nahe gelegenen Borsigplatz. Im November 1909 setzte der für die Jugendarbeit zuständige Kaplan Hubert Dewald genau um die Zeit des Treffpunkts eine Andacht an, um das von ihm abgelehnte Fußballspielen zu verhindern.

18 junge Fußballspieler fügten sich nicht, sondern gründeten den „Ballspielverein Borussia 09 Dortmund" nach der benachbarten Borussia-Brauerei, und lösten sich so organisatorisch aus dem Gemeindeleben. Heute erinnert eine Dauerausstellung „Kirche, Fußball, Gottvertrauen" an die gemeinsamen Wurzeln.

Flurstraße 10, 44145 Dortmund

Reinoldikirche

Der älteste erhaltene Teil der dreischiffigen, romanischen Pfeilerbasilika mit spätgotischem Chor stammt aus dem 13. Jahrhundert. Im Zweiten Weltkrieg wurde die Reinoldikirche – benannt nach dem Schutzpatron der Stadt – bis auf die Seitenmauern zerstört und in den 50er-Jahren schließlich wieder aufgebaut. Heute bildet die evangelische Kirche den geographischen Mittelpunkt der Innenstadt.

Ostenhellweg 2, 44135 Dortmund

Foto: Dietrich Fischer

Marienkirche

Das Gründungsdatum der evangelischen Marienkirche ist nicht bekannt. Im Jahr 1267 wird sie erstmals urkundlich erwähnt. Teilweise zerstört wurde das Kirchengebäude während des Zweiten Weltkrieges. Die Kirche beherbergt bedeutende mittelalterliche Kunstschätze, darunter den Marienaltar von Conrad von Soest und den Berswordt-Altar. Sie vereinigt romanische und gotische Bauelemente.

Kleppingstraße 5 44135 Dortmund

Petrikirche

Als gotische Hallenkirche (14. Jhr) errichtet, ist die ev. Petrikirche nach Zerstörungen im ursprünglichen Stil aufgebaut. Hervorzuheben ist das „Goldene Wunder", ein spätgotischer flämischer Flügelaltar aus dem Jahr 1521, der als größtes Flügelretabel seiner Art gilt. Im aufgeklappten Zustand zeigt der Altar 23 geschnitzte figürliche Reliefszenen. Auffällig ist zudem der überhoch wirkende Turm von etwa 60 Metern.

Petrikirchhof, 44137 Dortmund

Foto: Rolf-Jürgen Spieker

Propsteikirche

Die ev. Propsteikirche geht zurück auf die Gründung des Dominikanerklosters 1330. Die Kirche ist bis heute bedeutend, da sie die einzige katholische Kirche in der City ist. Im Zweiten Weltkrieg wurde die Kirche zerstört. Die Kunstschätze waren jedoch zuvor ausgelagert worden. Ein Besuch lohnt sich heute wegen des Innenhofs und des Altarretabels aus dem späten 15. Jahrhunderts, auf dem sich die älteste Abbildung der Stadt befindet.

Propsteihof, 44137 Dortmund

Foto: TBachner / wikipedia

Gauklerbrunnen

Der Gauklerbrunnen entstand 1982, als der Stadtgarten neu gestaltet wurde. Mit seinen 40 Metern Länge und 18 Metern Breite überwindet das Wasserspiel einen Höhenunterschied von vier Metern. Das Wasser fließt stufenartig in ein rundes Becken, das mit gepflasterten Aufwölbungen und einer Gruppe bronzener Skulpturen ausgestattet ist. Die Figuren zeigen übergroße Gaukler, Akrobaten, Feuerschlucker und Zauberer.

Stadtgarten, 44137 Dortmund

Foto: Tanja Schneider

Bläserbrunnen

Seinen Namen trägt der Bläserbrunnen aufgrund des Hornspielers – den fahrenden Sänger aus dem Mittelalter – auf der Säule zwischen vier Platten. Geschaffen wurde die Skulptur von dem Berliner Bildhauer Prof. Gerhard Janensch. Im 12. Jahrhundert diente der Brunnen als Tränke für die Tiere, heute färben Fußballfans das Wasser manchmal gelb ein, wenn der BVB große Titelgewinne feiert.

Alter Markt, 44135 Dortmund

Foto: Tanja Schneider

Europabrunnen

Der Europabrunnen des deutschen Bildhauers Joachim Schmettau verwandelt die Kleppingstraße in eine kleine Ruhe-Oase. Dort, wo heute die Einkaufsstraße zum Bummel einlädt, floss einst ein Bachlauf. Schmettau kombiniert seine Figuren, die der Frühzeit entsprungen scheinen, mit Metallskulpturen von Fröschen, Echsen und Fantasiewesen und gibt ihnen dadurch etwas Märchenhaftes.

Kleppingstraße, 44135 Dortmund

Bierkutscher, Foto: Anneke Wardenbach

Bierkutscher

Die 2,4-Meter hohe Bronzefigur steht im Dortmunder Stadtgarten (Nähe Friednesplatz) auf einem Steinsockel. Die Brautradition hat in Dortmund eine lange Geschichte, die dort seit dem Jahr 1980 symbolisiert wird.
Entworfen hat die traditionsreiche Skulptur der Dortmunder Künstler Artur Schulze-Engels. Auftraggeber war damals die Stiftung der Dortmunder Actienbrauerei.

Stadtgarten, 44137 Dortmund

Foto: Tanja Schneider

Kommunikation

Manchmal sind die Menschen sprachlos und unfähig zur Kommunikation; dieses Problem zeigt der Berliner Künstler Heinrich Brockeier in der Skulptur, die auf der Kampstraße steht. Die zwei unbekleideten Männergestalten sind rund drei Meter hoch. Sie schweben einander gegenüber, schauen aber aneinander vorbei. Seit 1982 soll die Skulptur die Vorüberziehenden zum Nachdenken anregen.

Kampstraße, 44137 Dortmund

Foto: Tanja Schneider

Stein mit Vollausstattung

Aus einiger Entfernung betrachtet sieht der „Stein mit Vollausstattung" zunächst wie ein grauer Haufen aus – in dem Steckdosen eingelassen sind. Der gewonnene Strom (Windrad und Solarpanelen) wird kostenlos samt WLAN zur Verfügung gestellt. Entwickelt wurde er von den Künstlerduos Stian Ådlandsvik und Lutz-Rainer Müller sowie Mark Pepper und Thomas Woll auf Einladung des Dortmunder Kunstvereins.

Kampstraße/Hansastraße, 44135 Dortmund

THEATER

Opernhaus
Platz der Alten Synagoge, 44137 Dortmund
Tel. 0231 / 50 27 222

Schauspielhaus/Studio/Unterbühne/Institut
Theaterkarree 1-3 , 44137 Dortmund
Tel. 0231 / 50 27 229

Kinder- und Jugendtheater
Sckellstraße 5-7, 44141 Dortmund
Tel. 0231 / 50 23 184

Junge Oper
Theaterkarree 1-3, 44137 Dortmund
Tel. 0231 / 50 27 222

Konzerthaus Dortmund
Brückstraße 21, 44135 Dortmund
Tel. 0231 / 2 26 96 - 0

Orchesterzentrum| NRW
Brückstraße 47, 44135 Dortmund
Tel. 0231/ 72 51 68 – 0

MEGASTORE
Felicitasstraße 2, 44263 Dortmund
Tel. 0231/ 50 27 222

Dortmund macht Theater – und das nicht nur im Schauspielhaus, das sich weit über die Grenzen der Stadt hinaus einen hervorragenden Ruf erspielt hat. Auch die zahlreichen kleineren Bühnen im Stadtgebiet lohnen einen Besuch.

Foto: KJT

Foto: Daniel Sumesgutner

Foto: Michael Rasche

Foto:Laura Sander

Foto: Schmidt/www.bildautor.de

Das „große" Theater Dortmund ist mit mehr als 500 Mitarbeiterinnen und Mitarbeitern eines der größten Theaterhäuser Deutschlands – mit 100-jähriger Tradition. Es gliedert sich in die fünf Sparten: Schauspiel, Musiktheater, Ballett, Konzert sowie Kinder- und Jugendtheater, die jeweils unter einer eigenen künstlerischen Leitung stehen. Mit 230.919 Zuschauern in 674 Vorstellungen wurden in der Spielzeit 2014/2015 der Zuspruch und die Beliebtheit des Theaters wieder eindrucksvoll unter Beweis gestellt.

Theaterkarree 1-3, ehem. Kuhstraße 12
44137 Dortmund
Tel.: 0231/50 22 442
www.theaterdo.de

Ein Rückblick: Wahrscheinlich gab es mittelalterliche Fastnachtsspiele, Mysterienspiele in und vor den großen Stadtkirchen zu den hohen Feiertagen: Das alles ist für die alte Reichsstadt belegt. Die eigentliche Gründung des Stadttheaters kam auf Initiative einiger Industrieller und Mäzene zustande, die 1887 eine Geldsammlung starteten. Initiatoren waren Albert Hoesch, Friedrich Denninghoff, Heinrich Bömcke und Julius Overbeck. Es wurde eine städtische Theaterkommission gebildet. Der Baubeginn des von Architekt Martin Dülfer entworfenen Gebäudes erfolgte am 1. Juli 1902. Das Theater am Hiltropwall feierte am 17. Dezember 1904 mit Richard Wagners Oper „Tannhäuser" seine Eröffnung. Erster Leiter des „Dortmunder Stadt-Theaters" war Hans Gelling.

Aktuelle Kunst hat hier immer eine Rolle gespielt, wie die verstärkte Hinwendung zum zeitgenössischen Theater unter Intendant Richard Gsell zeigt, der ab 1927 ein neues Schauspielerensemble aufbaute. Nach dem 2. Weltkrieg gelang es dem Schauspiel, seine Kontur mehr und mehr zu schärfen. So gab es unter dem Intendanten Paul Walter Jacob (1950-1962) zahlreiche deutsche Erstaufführungen. Seit dem Umzug des Schauspiels ins umgebaute Nachkriegs-Opernhaus am Hiltropwall 1968 hat die Sparte ein eigenes Haus mit zwei Spielstätten. Angekommen in der Gegenwart genießt das Theater Dortmund mit seinen fünf Sparten hohes Vertrauen und eine sehr hohe Zufriedenheit seines Publikums mit der künstlerischen und programmatischen Qualität.

Foto: KJT

Foto: Fletch Bizzel

Foto: Jan Schmitz

Kinder- und Jugendtheater

Das Kinder- und Jugendtheater (KJT) an der Sckellstraße wurde 1953 gegründet und ist deutschlandweit eines der ältesten Theater, dessen Programm sich ausschließlich an ein junges Publikum richtet. Das KJT verfügt über zwei eigene Spielstätten für 150 bzw. 60 Zuschauer. Dem festen Ensemble gehören acht Schauspieler an. Bühnenbilder und Kostüme werden selbst Werkstätten gefertigt.

Das KJT bringt jedes Jahr sechs bis acht Produktionen heraus und wendet sich an ein Publikum vom Kindergartenalter bis hin zu jungen Erwachsenen. Gezeigt werden Stücke mit Literatur- und Zeitbezug wie „Frau Müller muss weg" von Lutz Hübner oder „Tschick" von Wolfgang Herrndorf. Mit Angeboten für Lehrkräfte, Erzieherinnen sowie Schülerinnen und Schüler eröffnen die Theaterpädagoginnen Zugänge zu Oper, Tanz, Konzert und Schauspiel in allen Altersstufen: vom Probenbesuch über den Themenabend, vom vorbereiteten Vorstellungsbesuch bis hin zur Führung durch das Theater.

Sckellstraße 5-7, 44141 Dortmund
Ticket-Hotline: 0231 50 27 222
Mo-Sa 10-18.30 Uhr
www.theaterdo.de

Theater Fletch Bizzel

1979 gegründet und somit eine der ältesten freien Theatergruppen im deutschsprachigen Raum, hat dieses überregional bekannte Theater neben Inszenierungen von Ensemble-Stücken einiges zu bieten: Workshops, Ausstellungen, Gastspiele aus den Bereichen Kinder- und Puppentheater und vieles mehr. Ganzjährig werden Gastspiele und Eigenproduktionen angeboten. Zu dem Programm gehören neben dem Geierabend, der DEW-Theaternacht und dem Schultheaterfestival zahlreiche Kooperationsveranstaltungen. 1988 wurde die Kulturwerkstatt als Fortbildungsstätte im Bereich Theater, Tanz, Gesang und Persönlichkeitsentwicklung gegründet. Seit 2006 konzentriert sich die Arbeit verstärkt auf Nachwuchsförderung. Ergänzt durch Kabarett vom Feinsten, bissig, witzig, satirisch und literarisch – die Liste der Bühnenkünstler zu Besuch im Fletch Bizzel ist lang: René Steinberg, Hennes Bender, Frank Goosen, Jochen Malmsheimer, Vera Deckers, Anka Zink, Anka Zink, Lioba Albus, Gerd Dudenhöffer, Sascha Korf...

Humboldtstraße 45, 44137 Dortmund
Telefon: 0231 14 25 25
www.fletch-bizzel.de

Theater im Depot

Mit 400 Quadratmetern und bis zu 250 Sitzplätzen zählt das Theater im Depot (TiD) zu den größten freien Theaterhäusern der Region. Eingebunden ist das Theater in den beeindruckenden Gebäudekomplex der einstigen Hauptwerkstatt für Straßenbahnen, in dem – um die zentrale Mittelhalle gruppiert – auch Gastronomie, Ateliers, ein Kino sowie Büroräume angesiedelt sind.

Das Programm des Theater im Depot setzt sich aus Eigen- & Koproduktionen und ausgewählten regionalen bis internationalen Gastspielen zusammen. Dabei arbeitet das Theater spartenübergreifend: Den Kern bilden Sprech- und Tanztheaterformate ergänzt durch zeitgenössische Performancekunst, szenische Lesungen und musikalische Formate. Mehr als 150 Veranstaltungen, zwischen 40 und 50 verschiedene Produktionen und durchschnittlich zwölf Premieren pro Jahr formen den vielfältigen Spielplan.

Nachwuchsschauspieler können in der Theater- und Tanzwerkstatt Kurse und Workshops belegen.

Immermannstraße 39, 44147 Dortmund
Telefon: 0231 982120
www.depotdortmund.de

Foto: Helfmann / wikipedia

Foto: Cabaret Queue

Foto: Hansa Theater

Naturbühne Hohensyburg e.V.

Open-Air-Theater mit Tradition: Bereits seit 1953 begeistern die engagierten Laien-Schauspieler der Naturbühne Hohensyburg mit Stücken für Kinder und die ganze Familie. Auf der Innenbühne startet das Programm in der Saison 2016 bereits im Februar mit dem Jugendstück „Nichts, was im Leben wichtig ist" von Janne Teller.

Für die Kleinen folgt im April „Nur ein Tag" von Martin Baltscheid. Die Sommersaison geht im Juni los – mit „Simba, König der Tiere", als Erfolgsmusical besser bekannt unter dem Titel „König der Löwen". Dabei bietet das 90-köpfige Ensemble alles, was der Musicalfan begehrt. Erwachsene Besucher können sich dann ab Juli auf einen Dürrenmatt-Klassiker freuen: „Der Besuch der alten Dame" ist eine schwarze Komödie, die den Zuschauer bis zuletzt fesselt. Im Herbst lässt der „Diener zweier Herren" von Carlo Goldoni kein Auge trocken. Und keine Geringere als Pippi Langstrumpf beschließt zur Weihnachtszeit die Theatersaison der Naturbühne.

Cabaret Queue

Bereits 1985 wurde das Cabaret Queue vom jetzigen Betreiber, Georg Delfmann zusammen mit Birgit Stade, Klaus Wessollek und Wolfgang Trinkauf als eins der ersten Szene-Treffs in der Dortmund gegründet. Jeden Tag „pilgerten" die Besucher in Scharen nach Hörde. Die Verbindung aus Kneipe, Restaurant, Cocktail-Bar, Billard-Treff und Bühne war das Neue. Und ist noch immer beliebt. Immer mittwochs kann sich das Publikum auf eine „Dinner-Attacke" freuen – ein Überraschungs-Programm mit italienischem Buffet. Donnerstags heißt es „Lachen Live & Lecker" mit Kleinkunst zum Vier-Gang-Menü. Und alle vier Wochen gibt es dienstags das „MitSingDing": Stefan Nussbaum singt und spielt Gitarre, der Beamer wirft die Texte an die Wand und die Stimmung kommt von ganz allein, denn: alle singen mit beim „Schlagerfeuer" mit Gassenhauern von A wie Anita bis Z wie Zombie. An den Wochenenden geben sich die regionalen Stars der Szene wie Fritz Eckenga, Lioba Albus oder René Steinberg die Klinke in die Hand.

Hansa Theater Hörde

Seit Mitte der 90er steht das Hansa Theater für professionelle Musik-Theaterproduktionen unterschiedlichster Art. Der Name stammt noch aus der Zeit, als das Theater an der Hansastraße in der Innenstadt ansässig war. Das Theater wurde jedoch geschlossen, umgebaut und als domicil-Jazzclub wiedereröffnet.

Seit 2007 ist das Hansa Theater Hörde nun schon in der Nähe des Phönixsees in Dortmund-Hörde beheimatet und bietet 199 Besuchern Platz. Bekannt ist das Hansa Theater Hörde vor allem für seine eigenen Revuen über bekannte Musikgrößen wie Frank Sinatra, Johnny Cash oder Ray Charles. Im Angebot sind zudem Musical-Konzerte, Gastspiele aus dem Bereich Musik-Kabarett und andere Musik-Shows wie INGAONSTAGE. Angeschlossen ist ein kleines Café, das jeweils eine Stunde vor Vorstellungsbeginn öffnet. Das Theater eignet sich zudem als Event-Location – im Café Sinatra bis zu 40 Personen oder als Eventlocation bis zu 199 Personen.

Syburger Dorfstraße 60, 44265 Dortmund
Telefon: 0231 774310
www.naturbuehne.de

Hermannstraße 71, 44263 Dortmund
Telefon: 0231 413146
www.cabaret-queue.de

Eckardtstraße 4a, 44263 Dortmund
Telefon: 0231 9414748
Zeiten Vorverkaufsbüro: Mo - Fr 14-18 Uhr
www.hansa-theater-hoerde.de

Foto: Isabella Thiel

Foto: Jochen Riese

Foto: Roto Theater

Theater Olpketal

Das Theater Olpketal ist ein privates Theater im Dortmunder Süden. Unter der Leitung von Inhaber und Hauptakteuer Bruno „Günna" Knust ist es seit mehr als 25 Jahren eine Top-Adresse für gepflegte Ruhrpott-Unterhaltung – „immer frei vonne Leber wech". Mit eigenen Kabarett- und Comedyprogrammen im Ruhrdialekt wurde das Theater Olpketal schnell zu einer festen Institution in Dortmund und Umgebung. Der Theatersaal bietet 190 Sitzplätze; die Platzwahl ist frei. Gäste und Künstler schätzen die Publikumsnähe und die außergewöhnliche Atmosphäre. Bruno Knust spielt hier wechselnde Programme oder lädt Kollegen und Gäste zu sich auf die Bühne ein. Wenn „Günna" mal auswärts spielt, wird das Theater Olpketal immer häufiger auch zum Schauplatz besonderer Gastspiele ausgewählter Künstler. Der Barbereich im Theaterfoyer öffnet bereits eine Stunde vor Vorstellungbeginn und lädt zu frisch gezapftem Pils oder „Metzgerbrause" ein.

Olpketalstraße 90, 44229 Dortmund
Telefon: 0231 735353
Mi 16-18 Uhr, Do 11-13 Uhr,
bei Vorstellungen auch 18-21 Uhr
www.theater-olpketal.de

Tanztheater Cordula Nolte

Seit inzwischen 17 Jahren betreibt die Tanzpädagogin und Choreographin Cordula Nolte ihr Tanztheater, dessen Ensemble aus ihrer eigenen „Schule für Tanzkunst" stammt.

Schon die Location ist besonders: In der wohl ältesten Turnhalle der Stadt entstand in liebevoller Eigenarbeit ein nostalgisch anmutender Bühnenraum, der beim Publikum sehr gut ankommt. Bei aller Professionalität hat sich das Theater den Charme der freien Szene bewahrt. Tanzträume umzusetzen ist den Tänzerinnen und Tänzern wichtiger als Gage. Jedes Ensemblemitglied ist mit vollem Engagement dabei und kann seine individuellen Fähigkeiten entfalten. Wie in der Eigenproduktion „natürlich" – einem zeitkritischen und unterhaltsamen Stück über die vier Elemente Feuer, Wasser, Luft und Erde. In den jährlichen Spielzeiten (meistens November bis April) ist in der Regel einmal pro Woche die jüngste Eigenproduktion zu sehen – mit steigender Publikumsresonanz. „Gehweg" wird in 2016 Premiere feiern.

Paulinenstraße 2, 44137 Dortmund
Telefon: 0231 147916
www.tanztheater-cordula-nolte.de

Roto Theater

Vom „Loriot Abend" bis zu „Goethe in Italien": Das Roto Theater ist das Literatur-Theater in Dortmund. Neben Dichter-und Künstler-Portraits gehören auch musikalische Programme zum Repertoire des Roto Theaters, alle gespielt, rezitiert und gesungen von Barbara Kleyboldt. Zudem gibt es Stückinszenierungen mit dem Ensemble des Roto Theaters, das sich aus Absolventen der Theaterschule La Bouche zusammensetzt, die sich im selben Gebäude befindet wie das Theater.

Rückblick: Am 14. Oktober 1998 trat das Roto Theater mit der musikalischen Revue „Love´s shadow" mit Barbara Kleyboldt – Schauspiel und Gesang und der Akkordeonistin Sylke Meissner zum ersten Mal an die Öffentlichkeit mit eine Premiere in der Zeche Zollern II/IV. Im Mai 2000 folgte die erste Inszenierung des Ensembles mit dem Stück Kasimir und Karoline von Ödon von Horvath. Inzwischen ist es mit seinen Aufführungen sehr erfolgreich – mit rund 150 Aufführungen im Jahr.

Gneisenaustraße 30, 44147 Dortmund
Telefon: 0231 422779
www.rototheater.de

VERANSTAL TUNGSORTE

Sämtliche Veranstaltungsorte in der Großstadt lassen sich nicht aufzählen – ergänzend zu den Theatern und Museen dürfen die großen, aber auch die kleinen Spielstätten, Treffs und Szenehäuser nicht fehlen. Bieten sie doch die Heimat unterschiedlichster Themen, Zielgruppen und Intentionen.

Foto: FHH Archiv

Fritz-Henßler-Haus

Als „Haus der Jugend" wurde es 1929 errichtet, nach der Zerstörung im Zweiten Weltkrieg wurde der Neubau 1956 eingeweiht. Mittelpunkt bilden Veranstaltungssaal sowie Jugendcafé, Gartensaal & Werkräume. Musik, Kino und Theater finden regelmäßig statt. Das große Spielgelände ist ein beliebter Treffpunkt. Aushängeschild ist der Kinderzirkus.

Geschwister-Scholl-Str. 33-37, 44135 Dortmund
Telefon: 0231 5 02 34 61
www.fhh.de

Foto: Hans Jürgen Landes

Dietrich-Keuning-Haus

Nicht nur kulturelles Veranstaltungszentrum, sondern auch stadtteilorientierter Begegnungsstätte ist das Dietrich-Keuning-Haus (DKH) in der Nordstadt. Die Einrichtung ist ein Geschäftsbereich der Kulturbetriebe der Stadt Dortmund. Als Veranstaltungszentrum bietet das Keuning-Haus ein vielfältiges Programm: Dort finden Konzerte, Kabarett- und Comedyveranstaltungen, Tanzveranstaltungen, Fachtagungen und Feste aller Art statt. Als stadtteilorientierte Begegnungsstätte bietet das DKH sozial- und kulturpädagogisch gestaltete Angebote für Menschen aller Altersgruppen mit unterschiedlichen kulturellen Hintergründen. Zum Dietrich-Keuning-Haus gehören auch ein Skatepark und ein Spielgarten für Kinder. Übrigens: Der teils überdachte Skatepark ist als Location für Trendsportarten einzigartig in der Region.

Leopoldstraße 50, 44147 Dortmund
Telefon: 0231 5 02 51 45
www.dortmund.de/dkh

Foto: Olaf Schmidt

Balou

Die Leitidee: Freiräume für die individuelle Entfaltung der Kreativität und Persönlichkeitsentwicklung bereit zu stellen. Dafür gibt es in der ehemaligen Oberdorfschule (Brackel) neben dem Bereich der Erwachsenenbildung eine Jugendkunstschule, eine Galerie und ein Café. Veranstaltet werden Kindertheater, Ausstellungen und Tanzabende.

Oberdorfstraße 23, 44309 Dortmund
Telefon: 0231 20 18 66
www.balou-dortmund.de

Foto: Tanja Schneider

Alte Schmiede

Heute ist die Schmiede ein Ort der kulturellen Zusammenkunft: mit ein Saal für 200 Personen, eine Bühne, eine Logistikebene mit Küche, Garderobe und Toiletten sowie ein Außenbereich. Betreiber ist die Interessengemeinschaft Huckarder Vereine (IHV) und vermietet die Räumlichkeiten, richtet Jazz- und Folkkonzerte aus.

Hülshof 32, 44369 Dortmund
Telefon: 0231 3 94 40 83
www.ihv2000.de

Foto: Langer August

Langer August

Außer unterschiedlichen Gruppen, die hier im Dortmunder Norden ihre Büros haben, gibt es ein Café, einen Seminarraum sowie Lesungen und Konzerte. Die Räume kann man mieten. Organisiert wird das Programm seit 1979 von dem gemeinnützigen Verein „Langer August - Verein zur Förderung der politischen Bildung und kulturellen Freizeitarbeit".

Braunschweiger Straße 22, 44145 Dortmund
Telefon: 0231 863 01 04,
www.langer-august.de

Schiffbauer,
Foto: Künstlerhaus

Künstlerhaus

Das Künstlerhaus Dortmund e. V. ist seit über 25 Jahren ein von den dort lebenden und arbeitenden Künstlern selbst verwaltetes Ausstellungs- und Atelierhaus – und inzwischen bestens bekannt in der Dortmunder Kulturszene. Bis 1983 hat das Haus – eine ehemalige Waschkaue – für einige Jahre den Fachbereich Objektdesign der Fachhochschule Dortmund beherbergt. Es ist Spielstätte für Werke aller Kunstrichtungen – Malerei, Bildhauerei und Grafik ebenso wie Fotografie, Film, Video, Rauminstallationen und Neue Medien. Dieses Spektrum spiegelt sich sowohl in den Arbeitsfeldern der Mitglieder als auch in den Ausstellungen wider. Der Schwerpunkt zeitgenössischer und experimenteller Kunst fördert junge Künstler. Deutsche und internationale Künstler finden während ihres Aufenthaltes ideelle Unterstützung, Arbeits-Infrastruktur und einen offenen Kommunikationsraum. Besonders reizvoll ist das Angebot des „Artist-in-Residence-Programms", das ausländischen Kunstschaffenden einen Arbeitsaufenthalt während der Sommermonate im Künstlerhaus ermöglicht.

Sunderweg 1, 44147 Dortmund
Telefon: 0231 82 03 04
www.kuenstlerhaus-dortmund.de

Foto: Tanja Schneider

Haus der Vielfalt

Alle im Quartier lebenden Menschen unterschiedlicher Kulturen sollen bei Ausstellungen, Konzerten, Flohmärkten zusammengebracht werden. Geleitet vom Verbund der sozial-kulturellen Migranten-Selbstorganisationen, der seine Räume und Infrastruktur externen Einrichtungen zur Verfügung stellt und mit kulturellen Einrichtungen kooperiert.

Beuthstraße 21, 44147 Dortmund
Telefon: 0231 28 67 82 40
www.vmdo.de

Foto: Wichernhaus

Wichernhaus

Eine gute Adresse für Theater, Kleinkunst, Musik und kulturelle Nachwuchsförderung in der Nordstadt. Bis 2002 Kirche und ev. Gemeindehaus, bietet das heutige Wichern eine Mischung aus Kultur und sozialem Engagement. Es ist Tagungshaus und Dienstleistungszentrum des Diakonischen Werkes Dortmund (Träger).

Stollenstraße 36, 44145 Dortmund
Telefon: 0231 8 63 09 83
www.wichern.net

Foto: Jan Schmitz

Foto: Conny Suhan, Karin Hessmann

Foto: FZW

Depot

Das Depot ist ein Treffpunkt von Kunst, Kultur und Handwerk. Die Geschichte begann im Jahr 1994, als die Dortmunder Stadtwerke dem damaligen Künstlerverbund die ehemalige Straßenbahn-Hauptwerkstatt als neue „Heimat" anbot. Das weitgehend eingeschossige Gebäude beeindruckt durch seine neoklassizistische Ziegelfassade. Den Mittelteil bildet eine ca. 90 Meter lange, 15 Meter breite und im First ca. 10 Meter hohe Halle, in der sich die Schiebebühne befand, die dem Transport der Straßenbahnwagen in die Werkstätten diente. Das Hauptdach der Mittelhalle wird von einer Stahlfachwerkkonstruktion mit Zugband getragen; dieses seltene Tragsystem aus Doppelwinkeln findet sich in heutigen Bauweisen nicht mehr. Das Depot kann für bis zu 750 Personen gemietet werden. Im Alltag haben Künstler dort ihre Ateliers, Werk- und Ausstellungsräume: Malerei, Fotografie, Gold- und Silberschmiedekunst, Skulpturen, Grafik und Design, aber auch Büros von kreativen Dienstleistern finden sich dort. Ein Kino sowie ein Theater sind hier auch beheimatet.

Immermannstraße 39, 44147 Dortmund
Telefon: 0231 90 08 06
www.depotdortmund.de

Domicil

Das domicil vereint Musik, Kultur, Architektur, Gastronomie und bürgerschaftliches Engagement unter einem gemeinnützigen Dach. Träger ist der Verein „domicil Dortmund e.V.", institutionell wird das domicil gefördert vom Kulturbüro. Die Geschichte des Clubs begann 1969 mit dem ersten Konzert im Kellerclub im Dortmunder Norden, ab 2005 präsentierten die Organisatoren ihr Programm am neuen Standort im umgebauten Studio-Kino in der zentral gelegenen Hansastraße.
Es folgten viele Jahre kontinuierlicher Kulturarbeit, von ehrenamtlichem Engagement getragen, die den Club überregional als Veranstalter und Forum für Jazz und aktuelle Musik profilierten. Das international renommierte „Downbeat Magazin" wählte das domicil mehrfach unter die „100 besten Jazzclubs weltweit". Stars wie Chet Baker, Dexter Gordon und Archie Shepp waren zu Gast. An der Hansastraße stehen mit der Bar, dem Club und dem Konzertsaal mehrere Veranstaltungsräume zur Verfügung, die auch gemietet werden können.

Hansastraße 7-11, 44137 Dortmund
Telefon: 0231 862 90 30
www.domicil-dortmund.de

FZW

Das Freizeitzentrum West (FZW) wurde 1968 von der Stadt Dortmund als Stadtteil-Zentrum an der Straße „Neuer Graben" eröffnet und hat sich seitdem immer mehr zu einem Veranstaltungs- und Kulturzentrum entwickelt. Seit der Neueröffnung 2009 in einer neu gebauten, zentralen Location mit einem beeindrucken Soundkonzept ist die Stadt Dortmund um ein weiteres Prestige-Objekt reicher. An der Ritterstraße direkt neben dem Dortmunder U, gilt das FZW heute bundesweit als erfolgreicher Veranstalter innovativer Jugend- und Popkultur.
Mit über 250 Veranstaltungen im Jahr deckt es eine beachtliche kulturelle Bandbreite ab: Partys für Studenten oder das Ü30-Publikum, Konzerte von Punkrock über Alternative und Heavy Metal bis hin zu Blues/Funk/Groove, aber auch Kabarett, Lesungen und anderes Bühnenprogramm. Die Location ist großzügig geschnitten: Der Club fasst 300 Personen, die Halle 1.300; die Gastronomie besitzt 120 Innenplätze. Für private Feiern kann das Freizeitzentrum West nicht gemietet werden.

Ritterstraße 20, 44137 Dortmund
Telefon: 0231 2 86 80 89 10
www.fzw.de

Fotos: Hannes Woidich

DAS DORTMUNDER U

„Wandel durch Kultur – Kultur durch Wandel" – das war nicht nur das Motto der Kulturhauptstadt Europas RUHR.2010, sondern zugleich der Impuls für die Entstehung eines neuartigen Kunst- und Kreativzentrums in Dortmund. Die zentrale Frage lautete: Wie können alte Industrieregionen durch Kultur, Kunst und kreative Szenen eine neue Bedeutung erreichen und an Attraktivität gewinnen?

Ein eindrucksvolles Zeichen für diesen Strukturwandel ist das Dortmunder U, das in den Jahren 1926/27 als industrielle Braustätte erbaut wurde – das erste Hochhaus Dortmunds mit einer Dachkrone, die seitdem die Stadtsilhouette prägt – sieben Stockwerke umfassend und 70 Meter hoch. Der Umbau des ehemaligen Kellerhochhauses der Union-Brauerei läutete die Zeit des Aufbruchs ein und machte die ehemalige Brauerei zu einem zeitge-

nössischen Kulturzentrum neuen Typs, in dem Kunst, Bildung, Forschung und Kreativität gleichermaßen eine neue Heimat fanden. Das Dortmunder U ist nicht nur ein Symbol für den Wandel der Metropole Ruhr, sondern vor allem ein Ort der Begegnung. Und: Dieser ist über die Grenzen Nordrhein-Westfalens bekannt.

Es entstand also eine Einrichtung, die mit der imposanten Architektur, ihrem vielschichtigen Nutzungsprofil und ihrer Programmvielfalt in Deutschland einzigartig ist. Außergewöhnliche Ansichten bietet das U schon von außen durch die großformatigen Filminstallationen des Regisseurs Adolf Winkelmann an der weithin sichtbaren Dachkrone, ebenso wie im Gebäude selbst.

Acht Einrichtungen arbeiten unter dem Dach des Dortmunder U zusammen: das Museum Ostwall, der Hartware MedienKunstVerein, die Technische

Universität und die Fachhochschule Dortmund, die UZWEI als Abteilung für Kulturelle Bildung, die Mediathek, das Kino im U sowie die vielfältigen gastronomischen Angebote. Ein Besuch auf der Dachterrasse oder im exklusiven Restaurant bietet ein außergewöhnliches Panorama.

Das Dortmunder U liegt an der Leonie-Reygers-Terrasse – benannt nach einer ehemaligen Museumsdirektorin. Es ist außerdem Bestandteil einer Kunst- und Kulturmeile, die über das Deutsche Fußballmuseum bis hin zum Konzerthaus Dortmund reicht. Zentral in der Innenstadt und am Hauptbahnhof liegend ist das U mittlerweile aus Dortmund nicht mehr wegzudenken.

Leonie-Reygers-Terrasse, 44137 Dortmund
Telefon 0231 50 24723
Di, Mi 11-18 Uhr; Do, Fr 11-20 Uhr; Sa, So, Feiertage 11-18 Uhr; montags geschlossen
www.dortmunder-u.de

Fotos: Laura Sander

Foto: Bettina Stöß

SCHAUSPIELHAUS

Seit 1968 bespielt das Schauspiel Dortmund seine eigene Spielstätte am Hiltropwall, die in der Spielzeit 2015/16 wegen einer fast einjährigen Umbauphase geschlossen bleiben muss. Das Schauspiel nutzt dies, um mit dem Megastore in Dortmund-Hörde (Felicitasstr. 2) eine neue, spannende Spielstätte mit zwei großen, variabel nutzbaren Hallen zu etablieren.

Hier fand im Dezember 2015 mit Elfriede Jelineks „Das schweigende Mädchen" die erste Premiere statt. Das Studio wird weiterhin am Hiltropwall bespielt. Insgesamt fassen die Spielorte des Schauspielhauses knapp an die 600 Zuschauer.

Seit der Spielzeit 2010/11 ist Kay Voges Intendant des Schauspiels Dortmund. Unter seiner Leitung hat es sich zum führenden Theaterlabor entwickelt, das mit teils ungewöhnlichen Produktionen das eigene Haus verlässt und in Brennpunkt-Stadtvierteln spielt – etwa („Leonce und Lena" auf Phoenix-West in Dortmund-Hörde und „Crashtest Nordstadt" im Dortmunder Norden), das politische und soziale Themen aufgreift („Stadt ohne Geld", „Cyberleiber", Ausstellung „Weisse Wölfe"). Zudem greift es politische und soziale Themen auf und setzt sich immer wieder mit der Verzahnung von Theater- und Filmwelten auseinander.

Für Kay Voges und sein Team gab es in den vergangenen Spielzeiten zahlreiche Auszeichnungen: u.a. den ersten Platz beim NRW-Theatertreffen, zwei Nominierungen für den Deutschen Theaterpreis „Der Faust" sowie Auszeichnungen mit dem Nachwuchspreis des Landes NRW.

Schauspielhaus des Theater Dortmund
Hiltropwall, 44137 Dortmund sowie Megastore an der Felicitasstr. 2, 44263 Dortmund
Abendkasse: 0231 50 27 229
www.theaterdo.de

Ballett

Verantwortlich für Direktion und Choreographie des Balletts ist seit 2003 Xin Peng Wang. Das „Ballettzentrum Westfalen" hat sich als fester Bestandteil der Dortmunder Kulturlandschaft etabliert. Seit 2009 bietet das umgewidmete ehemalige Sonnenenergieforum im Westfalenpark eine deutliche Verbesserung der Trainings- und Probebedingungen. Neben der Compagnie haben auch das integrative Jugendprojekt des Ballett Dortmund Schoolmotions und das angegliederte Seniorentanztheater stark von den neuen Möglichkeiten profitiert. Mit der eigens für das Haus entwickelten Tanzperformance Identities nutzt Ballettdirektor Xin Peng Wang im Juni 2011 das zu Hause seiner Compagnie erstmals auch für Aufführungen.

Florianstraße 2, 44139 Dortmund
Telefon: 0231 50 26488
www.theaterdo.de

Foto: schmidt/ www.bildautor.de

Foto: Marcel Schaar

Foto: Magdalena Spinn

OPERNHAUS

Nach der Zerstörung des Opernhauses im Zweiten Weltkrieg fand die Oper in dem 1950 fertig gestellten Gebäude am Hiltropwall, dem heutigen Schauspielhaus, ihre vorläufige Spielstätte. 1966 zog die Oper in das neu gebaute Opernhaus am Platz der alten Synagoge um, das mit einer Aufführung des Rosenkavaliers von Richard Strauss eingeweiht wurde. Bei der Betrachtung des 1958 bis 1965 aus Stahl, Glas und Beton erbauten Opernhauses fällt zuerst die große Kuppel über dem Zuschauerraum ins Auge. Drei Widerlager tragen drei 70 Zentimeter breite Betonbogen, zwischen denen die 8,5 Zentimeter dicke, eher flach gehaltene Betonkuppel aufgespannt ist. 16,90 Meter hoch ist der Scheitelpunkt der Kuppel, ein Kreis um die Widerlager hätte einen Durchmesser von 62,36 Meter. Die Kuppel ist mit dreieckigen Kupferplatten eingedeckt. Die von den Bogen überspannten Seiten sind verglast, sodass Foyer und Treppenaufgänge jederzeit einsehbar sind. Hinter der Kuppel erhebt sich der Querriegel mit Bühnenaufbau und Funktionsräumen. Das Dach des rechteckigen Foyers ist als Terrasse ausgeführt, die die Kuppel umgibt.

Das Opernhaus beherbergt das Opern- und das Ballettensemble des Theaters, es war außerdem bis 2002 Spielstätte der Philharmonischen Konzerte der Dortmunder Philharmoniker, die heute meist im Konzerthaus Dortmund und im Orchesterzentrum NRW konzertieren. Die Oper steht seit 2011 unter der Intendanz von Jens-Daniel Herzog. Die mehr als 100 Musikerinnen und Musiker der Philharmonie spielen seit 2013/14 unter der Leitung von GMD Gabriel Feltz.

Platz der Alten Synagoge, 44137 Dortmund
Telefon: 0231 50 27 222
www.theaterdo.de

Dortmunder Philharmoniker

Leidenschaft, Disziplin, Hingabe – diese Tugenden sind in Dortmund nicht nur auf dem grünen Rasen beheimatet, sondern auch bei den Dortmunder Philharmonikern. Seit seiner Gründung 1887 hat sich der städtische Klangkörper damit konsequent in die vorderste Reihe der großen deutschen Konzert- und Opernorchester gespielt. Die Philharmoniker glänzen in ihren Philharmonischen Konzerten gleichermaßen wie im Musiktheater. Das renommierte Kulturorchester steht seit der Spielzeit 2013/14 unter der Leitung von Generalmusikdirektor Gabriel Feltz.

Als traditionsreicher Klangkörper mit einer 125-jährigen Geschichte verstehen sie sich als Orchester für die Bevölkerung der Stadt und der Umlandregion.

Theaterkarree 1-3, 44137 Dortmund
Telefon: 0231 50 25547
www. philharmoniker.theaterdo.de

Foto: David Vasicek

Foto: Georg Schreiber

KONZERTHAUS

Mitten in der Innenstadt steht das moderne Glasfassaden-Gebäude. Das Konzerthaus Dortmund lädt durch seine transparente Architektur in das Stadtfoyer ein, das unter der Woche jedem Besucher ganztägig offen steht. Im Inneren erwartet den Besucher nicht nur ein ansprechendes Interieur, sondern vor allem ein musikalisch äußerst vielseitiges und hochwertiges Angebot. Der raumakustisch minutiös durchgeplante große Saal, der erst 2002 eröffnet wurde, bietet mit seiner wellenförmigen Innenausstattung eine höchst interessante Optik, die ganz im Dienste der viel gerühmten Klangqualität steht. Auf jedem der 1.500 Plätze ist so ein besonderer Hörgenuss garantiert, der das Konzerthaus in den Rang eines der großen Häuser Europas erhoben hat. In über 200 Veranstaltungen pro Spielzeit gibt es neben Orchesterzyklen, großen Stimmen, Meisterpianisten oder

Kammermusik auch Weltmusik, Jazz, Neue Musik und eine Neuheit: das Pop-Abo. Große Namen Pop-Szene geben begeisternde Akustik-Konzerte. In den vergangenen Spielzeiten waren Bands wie die Mighty Oaks, Lukas Graham und Philipp Poisel zu Gast. Auch Stars wie die Sängerin Cecilia Bartoli, die Geigenvirtuosin Anne-Sophie Mutter, Jazz-Phänomen Gregory Porter oder die brillanten Berliner Philharmoniker unter Sir Simon Rattle lassen es sich nicht nehmen, hier in Dortmund aufzutreten. Das Konzerthaus bietet die modernen Räumlichkeiten für Veranstaltungen wie Vorträge, Hauptversammlungen, Konferenzen, Produkt- und Firmenpräsentationen an. Anschließend sind es nur wenige Schritte bis zum Restaurant Stravinski.

Brückstraße 21, 44135 Dortmund
Telefon: 0231 2 26 96 - 0
www.konzerthaus-dortmund.de

Das Orchesterzentrum|NRW

Das Orchesterzentrum|NRW ist eine Einrichtung der vier staatlichen Musikhochschulen des Landes NRW und europaweit die erste hochschulübergreifende Ausbildungsstätte für künftige Orchestermusiker. Im Masterstudiengang „Orchesterspiel" werden Studierende in vier Semestern praxisnah und zielgerichtet auf eine Karriere in renommierten Orchestern vorbereitet. Im Mittelpunkt stehen das Training orchesterspezifischer Fertigkeiten und die Vorbereitung auf Probespiel und Probejahr.
Das Orchesterzentrum|NRW ist in einem eigens errichteten Gebäude in der Innenstadt untergebracht. Das Gebäude verfügt über einen Kammermusiksaal, der für Veranstaltungen angemietet werden kann.

Brückstraße 47, 44135 Dortmund
Telefon: 0231 72 51 68 0
www.orchesterzentrum.de

Mark Knopfler, Foto: Christian Lünig / www.arbeitsblende.de

WESTFALENHALLEN

Ob Publikums- und Fachmessen, mitreißende Events, Weltmeisterschaften oder Kongresse und Tagungen – die Westfalenhallen Dortmund sind immer die optimale Location. Hier wird seit 1925 deutsche und europäische Veranstaltungsgeschichte geschrieben. So nehmen beispielsweise über 9.000 Aussteller pro Jahr an rund 35 Messen teil, die Messe **Westfalenhallen Dortmund GmbH** veranstaltet u.a. europa- oder sogar weltweit führende Messen, wie die Jagd & Hund, die Creativa, die Intermodellbau oder die Fachmesse InterTabac. Große Gastmessen sind unter anderem die Hund & Pferd, die Motorräder und die Fachmesse DKM. In Dortmund stehen insgesamt neun Hallen mit einer Gesamtfläche von rund 60.000 Quadratmetern zur Verfügung, in denen sich große wie kleine Branchen gleichermaßen zu Hause fühlen.

Darüber hinaus betreut die **Veranstaltungszentrum Westfalenhallen GmbH** jedes Jahr rund 200 Veranstaltungen. Die denkmalgeschützte Westfalenhalle 1 ist die große traditionsreiche Konzert- und Event-Arena des Unternehmens, mit moderner Technik und flexiblem Hallenverbund. In der Arena fanden bereits mehr als 30 Weltmeisterschaften und über 50 Europameisterschaften statt, außerdem auch Großkongresse und Firmenveranstaltungen. Die Konzertstatistik umfasst weit mehr als 1.000 Künstlernamen. Auch der Trend zu Comedy – angefangen von Atze Schröder, Sascha Grammel oder beispielsweise Kaya Janar – hält genauso unvermindert an sowie wie im Bereich der Shows und Family Entertainment.

Die Westfalenhallen umfassen das größte Kongresszentrum der Region mit rund 1.000 Terminen jährlich.

Hier tagen Unternehmen und Aktiengesellschaften, nationale und internationale Verbände sowie Mediziner und Wissenschaftler.

Im **Kongresszentrum Westfalenhallen** stehen rund 30 Säle und Hallen mit Kapazitäten von 10 bis 10.000 Personen zur Verfügung. Vor kurzem wurde das Kongresszentrum einschließlich des traditionsreichen Goldsaals komplett modernisiert.

Rund 1,6 Millionen Menschen strömen jährlich als Besucher an den Rheinlanddamm. Ein breit angelegtes, mehrjähriges Projekt zur Modernisierung des Westfalenhallen-Geländes im Umfang von 35 Millionen Euro hat begonnen.

Rheinlanddamm 200, 44139 Dortmund
(fürs Navigationssytem „Strobelallee 45")
Telefon: 0231 12 04-0
Tickets telefonisch: 0231 12 04 666
Mo-Fr 9-18 Uhr,
www.westfalenhallen.de

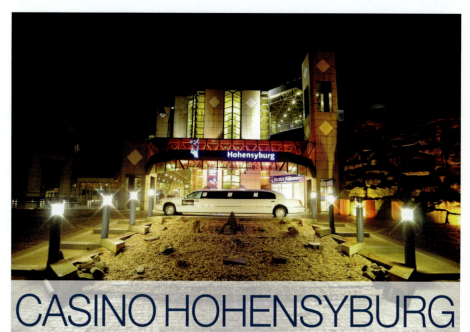

Fotos: Casino Hohensyburg

CASINO HOHENSYBURG

Einmal sein Glück versuchen? Sind es die eigenen Glückszahlen, die gewinnen? Oder ist es purer Zufall, auf welcher Seite der Würfel liegen bleibt? Im Casino erlebt man faszinierende Unterhaltung in toller Atmosphäre, nicht selten in Gesellschaft prominenter Gäste – und dies seit mittlerweile über drei Jahrzehnten.

An über 30 Spieltischen werden das schnelle American Roulette, das Kultspiel Poker und der beliebte Kartenklassiker Black Jack gespielt, dazu das stilvolle Französische Roulette. Jeden Samstag steht zudem Baccara, das „Spiel der Könige", auf dem Plan. Poker-Fans kommen bei den hochkarätigen Großturniere mit Weltklasse-Spielern auf ihre Kosten. Ganz gleich, ob es ein Streifzug vom klassischen zum elektronischen Roulette wird oder man von der fulminanten Horus Bar auf Ebene 2 in der Mitte des Saals relaxt das Spielgeschehen

verfolgt: Das großzügige Spielangebot begeistert. Im großen Saal kann man direkt vom Klassischen Spiel in die Glitzerwelt der Automaten – der „Vegas World" – schlendern. Mit modernsten Slot Machines und Multi-Roulette-Anlagen mit funkelnden Bildschirmen und unverhofften Jackpots kommt in der großzügigen Erlebnislandschaft durchweg knisternde Spannung und echtes „Las Vegas-Feeling" auf.

Neben den Spielbereichen gehören auch gastronomische Highlights zum „Rundum-Wohlfühl-Portfolio". Ob elegante Bar und schickes Restaurant im California Style vereint oder das Sterne-Restaurant „Palmgarden" mit seiner exzellenten und weit über die regionalen Grenzen hinaus bekannten Küche – kulinarisch verwöhnen lassen kann man sich hier als Gast stets auf besondere Weise.

Auch Blitzlichtgewitter gehört dazu:

Ob glanzvolle Shows, Live-Konzerte, Partyformate oder Model-Contests – hochkarätige Veranstaltungen wurden bereits zu wahren Publikumsmagneten. Aufgrund der einzigartigen Atmosphäre, des professionellen Service sowie des kulinarischen Top-Angebots eignet sich die Spielbank perfekt für individuelle Veranstaltungen. Der große Saal bietet den idealen Rahmen für elegante Abendfeierlichkeiten; vier weitere Räume bestechen durch modernste Ausstattung und eine herausragende Gastronomie. Von der Hochzeit im Las-Vegas-Stil über festliche Banketts bis hin zur professionellen Tagung mit top-moderner Technik wird jedes Event von erfahrenen Veranstaltungsprofis geplant und perfekt inszeniert.

Hohensyburgstraße 200, 44265 Dortmund
Telefon: 0231 77 40 500
Täglich ab 12 Uhr
www.westspiel.de/HOHENSYBURG

DORTMUNDER GRÜN

Dortmund bietet mehr als Kunst, Kultur und Historisches. Wer sich zwischendurch eine Auszeit in ruhiger Natur sucht, wird auch in der Großstadt fündig. Nicht nur die über die Stadtgrenzen hinaus bekannten großen Parks, sondern auch die kleineren Oasen laden zu ausgedehnten Spaziergängen ein.

Westfalenpark

Der Besuch lohnt sich allemal: Für alle großen und kleinen Besucherinnen und Besucher, für Großeltern und Enkel, Eltern, Jugendliche und Kinder wird im Frühling, Sommer, Herbst und Winter wieder ein vielseitiges und abwechslungsreiches Programm mit Veranstaltungen, Theater und Führungen geboten. Der Westfalenpark ist eine etwa 70 Hektar große Parkanlage im Dortmunder Süden. Sie wird im Norden durch die B1 und im Süden durch die Emscher begrenzt.

1959 wurde der Westfalenpark auf Grund und Boden des Kaiser-Wilhelm-Hains, einer Mülldeponie und dem Gelände der im zweiten Weltkrieg zerstörten Buschmühle anlässlich der Bundesgartenschau eröffnet, die sich 1969 und 1991 zweimal an diesem Ort wiederholte.

Heute bietet der Westfalenpark weitläufige Möglichkeiten zum Flanieren, Erholen und Spielen. Er gliedert sich in die Bereiche Ruhrallee, Kaiserhain, Buschmühle und Festwiese. Insbesondere für Kinder lohnt der Besuch

enorm: Vom Kaiserhain zieht sich von Nord nach Süd der sogenannte Spielbogen durch den Park. An diesem Weg befinden sich im kurzen Abstand viele Spielpunkte, außerdem verbindet er zwei Themen-Spielplätze mit dem großen Robinsonspielplatz ganz im Süden. Botanikfreunde können im Sommerhalbjahr thematische Gärten mit Blühpflanzen oder dem Rosarium bewunden. Daneben gibt es großflächige Wiesen, auf denen man sich einfach einmal niederlassen kann, und alten Baumbestand. Zusammen mit dem den Park überragenden Fernmeldeturm wurden zur Bundesgartenschau 1959 die Parkeisenbahn und der Sessellift eingeweiht, die bis heute in Betrieb sind. Der Sessellift überwindet den Höhenunterschied von Norden nach Süden. Zwei Personen

Westfälenpark Gartenlaube, Foto: Mbdortmund / wikipedia

Deichkind at juicy beats,
Foto: Arne Müseler/arne-mueseler.de / wikipedia

Westfalenparkbahn „Blauer Zug", Foto: Stefan Kunzmann / wikipedia

können in einer Gondel gegenüber Platz nehmen. Wesentlich mehr Kapazität bietet die Parkeisenbahn, die hier teilweise als „Emschertalbahn" bezeichnet wird. Akku-Loks ziehen die Wagen in etwa einer Viertelstunde vom Abfahrtsbahnhof am Turm über den kurvigen Rundkurs. An der Seebühne befindet sich ein Bedarfshalt mit dem Namen „Am Spielplatz".

Größte Attraktion des Westfalenparks ist der zeitgleich mit ihm eröffnete damals 220 Meter (heute nach Antennenwechsel nur noch 208 Meter) hohe Fernmeldeturm mit dem Namen Florianturm oder kurz Florian. Seinerzeit war er kurzzeitig das höchste Gebäude der noch jungen Bundesrepublik. Über Express-Aufzüge kann der Turm in kürzester Zeit erklommen werden. Von

den beiden über eine Treppe verbundenen Aussichtsplattformen hat man bei entsprechendem Wetter einen sehr weiten Panoramablick über Dortmund, das östliche Ruhrgebiet bis hin in das Münster- und Sauerland.

Darüber hinaus sorgen weitere Partner für Abwechslung: Das Kindermuseum mondo mio! lädt Kinder, Familien und Schulklassen zu spannenden Entdeckungsreisen ein. Im kleinen Theater der Polizei-Puppenbühne am Buschmühlenteich werden lehrreiche Puppenstücke aufgeführt. Im Regenbogenhaus wird gespielt, gebastelt, geklettert, gemalt und getobt. Die Altenakademie hat ein umfangreiches Veranstaltungsprogramm für ältere Menschen. Der Vorhang im Nostalgischen Puppentheater hebt sich schon seit 1994! Neben dem Trainings-

zentrum für Ballett und Tanz gehört auch das Galerie Torfhaus / Freundeskreis Westfalenpark e.V. mit dazu und runden das kulturelle Angebot des Parkes ab. In der Sternwarte blickt man auf Sonne, Mond und Sterne...

Umweltpädagogische Angebote gibt es im AGARD-Naturschutzhaus.

Quellen: ruhrgebiets-industriekultur.de
dortmund.de

Telefon 0231 5026100
Eingang Ruhrallee (personenbesetzt): 10-18 Uhr
Eingang Florianstraße (personenbesetzt): 9-23 Uhr
Eingang Blütengärten, Eingang Baurat-Marx-Allee, Eingang Buschmühle: 9-21 Uhr
Eingang Hörde: 9-20 Uhr

Florianturm
Aussichtsplattform: Mi - Fr 14-18 Uhr
Sa, So und an Feiertagen: 12-22 Uhr
Das Turmrestaurant ist zurzeit nicht geöffnet!

Quelle: Revierpark Wischlingen

Quelle: www.freundeskreis-botanischer-garten-rombergpark.org

Foto: Fredenbaumpark Spectaculum

Revierpark Wischlingen

Der Revierpark ist etwa 39 Hektar groß und erstreckt sich zwischen der Mallinckrodtstraße und dem Naturschutzgebiet Hallerey mit seinem ausgedehnten Bergsenkungsgewässer. Teilweise auf dem Gelände des alten Hauses Wischlingen gelegen, wechseln sich weite Wiesen und Waldgebiete auf dem Landschaftsschutzgebiet ab. Im Zentrum befinden sich das große Sole- und Allwetterbad mit Innen- und Außenbecken und die Eissporthalle. Es schließen sich Bolz- und Tennisplätze an. Im Norden liegt der Wischlinger See, der sich mit Ruder- oder Tretbooten befahren lässt, auch ein Minigolfplatz und Kletterwald sind hier zu finden. Von einer Halbinsel lässt sich ein großer Teil des Gewässers überblicken, um den ein Weg im Schatten unter Bäumen verläuft, die sich im glatten Wasser schön spiegeln. Der Besucher findet hier somit vor allem einen grünen, gepflegten Park mit verschiedenen Angeboten für allerlei sportliche Erholung, Spiel und Wellness vor. Blühgärten wie im Westfalenpark oder Rombergpark sind hier weniger vorhanden, aber auch nicht Ziel der Einrichtung.

Botanischer Garten Rombergpark

Der Rombergpark liegt im Dortmunder Süden in direkter Nachbarschaft zum Zoo. Sein Vorläufer ist ein um 1820 rings um das Wasserschloss Brünninghausen angelegter Englischer Garten. Im Jahr 1927 erwarb die Stadt einen Teil der Fläche und legte den Botanischen Garten im heutigen Klinikviertel unter Erhaltung der historischen Baumbestände in den neuen Park um. Gegen Ende des zweiten Weltkrieges wurden Schloss und Park schwer beschädigt. Ab 1949 wurde die Arbeit wieder aufgenommen.

Heute zählt sich der Rombergpark durchaus zu den bekannteren in Deutschland: Er beinhaltet heute beispielsweise einen Staudengarten, Kräutergarten, einen Spielplatz und die im Jahr 1822 gepflanzte Allee aus Linden. Neben botanischen Kostbarkeiten bietet der Rombergpark als Sehenswürdigkeit vor allem seine Roten Bäche. Es sind eisenhaltige Zuflüsse des Schondelle-Baches, der durch den Park und rings um den großen Teich im Norden plätschert. Im Süden stehen vier Pflanzenschauhäuser, in denen Pflanzen verschiedener Klimazonen betrachtet werden können.

Freizeitpark Fredenbaum

Es ist der älteste Stadtpark auf Dortmunder Gebiet: 63 Hektar zählen zur „grünen Lunge" der Nordstadt. Der Fredenbaumpark beherbergt einen großen Bau- und Abenteuerspielplatz, den die Stadt durch Ankauf des „Big Tipi" von der Expo 2000 in Hannover aufwertete. Das riesige Zelt beherbergt eine Kletterwelt und wird für Veranstaltungen genutzt. Abwechslung bieten ein Waldstück mit Spielgeräten, ein Teich; Bänke & Liegewiesen, Rosengarten sowie Musikpavillon. Sportlich wird's im Bootsverleih, auf der Joggingstrecke oder beim Inlineskating. Ergänzt wird das Angebot durch Minigolf (18 Bahnen), Boule, Beachvolleyball, Tischtennisplatten, Grillplätze, Mende-Sportanlage oder sogar American Football (Dortmund Giants), Rugby (RFC Dortmund). Der Fredenbaumpark ist Austragungsort des Dortmunder Halbmarathon und der Laufstrecke des Dortmunder Westfalen-Triathlon. Zudem ein Ort regelmäßiger Feste und Veranstaltungen. Beispielsweise gastiert seit den 90er-Jahren in jedem Frühling das „Mittelalterlich Phantasie Spectaculum" im Fredenbaumpark mit Tausenden Besuchern.

Höfkerstraße 12, 44149 Dortmund

Am Rombergpark 49 b, 44225 Dortmund

Westerholz 42/Lindenhorster Str. 6

Foto: Stefanie Kleemann

Foto: Sandy Müller

Foto: Sandy Müller

Westpark

Der Westpark ist eine Grünanlage in der westlichen Innenstadt. Er wurde ursprünglich 1811 als Westentotenhof (Friedhof außerhalb der Stadtmauern) eingerichtet. 1912 wurde er nach Gründung des weit außerhalb gelegenen Hauptfriedhofes als Friedhof aufgehoben und in einen Park umgewandelt. Die alten Grabsteine sind heute zum Teil noch vorhanden und zeigen die verwitternden Namen vieler bekannter Dortmunder Familien.

Heute ist der Westpark eine zentral gelegene, ruhige, beschauliche Erholungsanlage mit sehr schönem, altem Baumbestand. An die frühere Friedhofsfunktion erinnern noch einige alte Grabsteine. Unter schattigen Bäumen lädt ein Biergarten ein. Ein Bouleplatz grenzt direkt an. Im Sommer wird der Westpark gerne für Grillabende und ausgiebige Feten genutzt und gilt als Treffpunkt für Studierende, Musikerinnen und Musiker und Medienleute. Er liegt in der Nähe des Kreuzviertels, des Unionviertels und des Althoffblocks. Darüber hinaus zählen Veranstaltungen wie Trödelmärkte oder das Interkulturelle Picknick im Park dazu.

Stadtgarten

Der Stadtgarten ist eine innerstädtische Park- und Grünfläche und liegt südwestlich des Dortmunder Rathauses und der gleichnamigen Stadtbahnstation. Dieser ist eine der beiden Grünflächen innerhalb der ehemaligen Wallanlage der Stadt.

Der Stadtgarten wurde 1982 zum 1100-jährigen Stadtjubiläum angelegt. Östlich des Stadtgartens liegt der Friedensplatz. Das Zentrum des Parks bildet der von Prof. Eberhard Linke entworfene Gauklerbrunnen und wird im Sommer häufig von Kindern als Plansch- und Badebecken genutzt. Südwestlich des Gauklerbrunnens steht den meist jugendlichen Nutzern eine Skateanlage zur Verfügung.

Foto: Tanja Schneider

Stadewäldchen

Mit einer Größe von fünf Hektar erstreckt sich das Stadewäldchen vom S-Bahnhaltepunkt Dortmund-Stadthaus bis zur Bundesstraße 1.

Die Geschichte des Stadewäldchens geht zurück auf den Brauereibesitzer Stade, der hier in den 1920er Jahren Flächen zur Errichtung einer Parkanlage pachtete. Das Stadewäldchen, wie es schon damals genannt wurde, diente als fußläufige Verbindung von der Dortmunder Innenstadt zum damaligen Kaiser-Wilhelm-Hain, dem heutigen Westfalenpark. Anfang der 1950er Jahre erwarb die Stadt diese Flächen und schaffte eine öffentliche Grünanlage.

Zur ersten Bundesgartenschau in Dortmund im Jahre 1959 wurde die Parkanlage weiter ausgebaut und um zusätzliche Angebote für Freizeit und Erholung ergänzt. So wurden ein Kinderspielplatz und ein Fußballkleinfeld errichtet. In der Grünanlage erinnert ein Ehrenmal des Verbandes der Heimkehrer an die Vertreibung am Ende des Zweiten Weltkrieges.

Im Norden der Grünanlage lädt eine Gastronomie zum Verweilen ein.

Rittershausstraße 34, 44137 Dortmund

Hansastraße, 44137 Dortmund

Saarlandstraße, 44239 Dortmund

Foto: Ingo Herminghaus

Foto: Tbachner / wikipedia

Foto: Sebastian Hellmann, ruhrgebiet-industriekultur.de

Hoeschpark

Der Vorläufer des Hoeschparks war ein städtischer Ballspielplatz („Weiße Wiese"), der um 1909 zur ersten Spielstätte des „Ballspielvereins Borussia Dortmund" wurde. Ab 1937 diente der Park vorwiegend zur Naherholung der Industriearbeiter und als grüne Lunge des Stadtviertels. Die Eröffnung erfolgte im Kriegsjahr 1941.

Eine Grünanlage in der nördlichen Innenstadt mit zahlreichen Sportstätten: Das Zentrum bildet eine baufällige Radrennbahn, die um einen Rasenplatz herumführt, und das Warmwasserfreibad Stockheide. Daneben runden Tennisanlage, Sportplätze, Kinderspielplätze und Gastronomie das Angebot ab. 2004 erwarb die Stadt das Gelände – seit her wird saniert. So ist beispielsweise im Innenkreis der alten Radrennbahn eine der schönsten Baseballanlagen in NRW entstanden. Nebenan wurde ein kleines Leichtathletikstadion mit vier Rundbahnen sowie Sprung- und Wurfanlagen errichtet. Hier trainieren vor allem Athleten der LG Olympia Dortmund. Weiterhin existieren zwei Aschenplätze mit Flutlichtanlage, sowie ein Kleinspielfeld.

Stadtwald Bittermark

Der Stadtwald Bittermark ist ein ausgedehntes Waldgebiet im Dortmunder Süden am Nordhang des Ardeygebirges und ist heute das größte zusammenhängende Waldgebiet auf Dortmunder Stadtgebiet. Im Süden durchschneidet die Sauerlandlinie auf einer Talbrücke das Waldgebiet. Im Stadtwald Bittermark erinnert das Mahnmal Bittermark an Kriegsendphasenverbrechen, die hier kurz vor Ende des Zweiten Weltkriegs verübt wurden: Etwa 300 Widerstandskämpfer und Zwangsarbeiter sind durch die Gestapo 1945 ermordet worden. Der Wald wird vom Olpkebach durchflossen und hat bergbauhistorische Bedeutung. Am Nordhang des Ardeys treten Kohleflöze an die Oberfläche und wurden schon früh abgebaut. An die Zeche Wesselbank erinnern heute Schautafeln. Der Stadtwald Bittermark hat heute neben der forstwirtschaftlichen Relevanz vor allem Bedeutung als Freizeitrefugium – und zwar für die ganze Familie. Das von zahlreichen Wegen durchzogene Waldgebiet wird vor allem von Mountainbikern, Joggern und Spaziergängern – mit oder ohne Vierbeiner – zur Erholung genutzt.

Tremoniapark

Auf dem brachliegenden Gelände der Zeche Tremonia entstand ein öffentlicher Stadtpark – der Tremoniapark. Getauft auf den alten, lateinischen Namen der Stadt. Er erstreckt sich zwischen der Tremoniastraße und dem Leierweg. Bereits im Brachestadium angesiedelte Vegetation ist als Wald- und Buschlandschaft bis heute erhalten. Den größten Teil jedoch bildet eine ausgedehnte Wiesenfläche, die bei sonnigem Wetter zum Verweilen oder für sportliche Betätigung einlädt. So wird die große Wiese gerne zum Sonnenbaden genutzt. Daneben existieren kleinere Sportplätze und ein Basketballfeld mit einem Korb.

Wie in vielen Parks der Region wird mit Objekten auf den industriellen Hintergrund eingegangen. Recht offensichtlich aber ohne Erläuterung befinden sich im Tremoniapark angeschnittene, schalenförmige Stahlobjekte, sogenannte Klöpperböden, die die Unterseite eines Druckbehälters darstellten.

Der Tremoniapark ist eine schöne Grünfläche, die vor allem zur Naherholung für Anwohner im zentrumsnahen Dortmunder Westen dient.

Kirchderner Straße, 44145 Dortmund

Kirchhörder Straße, 44229 Dortmund

Am Tremoniapark, 44137 Dortmund

Foto: Itti / wikipedia

Aplerbecker Wald

Zusammen mit dem Schwerter Wald bildet der Aplerbecker Wald die größte zusammenhängende Waldfläche im äußeren Dortmunder Freiraumgürtel. Räumlich gesehen stellt er den Rest eines noch bis vor 150 Jahren fast geschlossenen Waldgebietes auf dem Ardey-Bergrücken zwischen Emschertal und Ruhrtal dar.

Den Bewohnern einer Großstadt wie Dortmund bietet er vielfältige Möglichkeiten einer naturnahen Naherholung. Vor allem aber kommen dem Aplerbecker Wald wichtige ökologische Aufgaben zu als Lebensraum für die heimische Tier- und Pflanzenwelt. Mehr als 100 Vogelarten wurden seinerzeit beobachtet; die Zahl der ermittelten Brutvögel liegt bei 26 Arten und ist damit wie bei allen großen Waldflächen Dortmunds sehr hoch.

Unweit entfernt liegt der Sölder Wald, auch Hixterwald genannt. Besondere Bedeutung hat das Sölder Holz als frühes Kohlerevier. Überall sind noch Zeugnisse des primitiven Bergbaus im 18. und 19. Jahrhundert zu erkennen. Dies lässt sich auf einem Rundweg erfroschen.

Aplerbecker Waldstraße, 44287 Dortmund

Foto: Rudko./ wikipedia

Grävingholz und Süggelwald

Es ist ein uriges Naherholungsgebiet und ein Wald mit 2000-jähriger Geschichte: Das Waldgebiet hat sich unmittelbar nach der letzten Eiszeit gebildet und ist seitdem als zusammenhängendes Waldgebiet erhalten. Im Mittelalter diente der Wald den Herren der Grafschaft Dortmund als Jagdrevier. Stattliche alte Bäume prägen diese Wälder. Der mächtigste Baum hier, eine Buche, hat einen Stammumfang von über 6 Meter. Das innerstädtische Waldgebiet hat eine Größe von 130 Hektar mit rund 130000 Bäumen. Ein Paradies für Rehe, Hasen, Füchse. Und das ist keine Selbstverständlichkeit für eine Region, die bis vor wenigen Jahren vor allem für ihre Schwerindustrie und Zechen bekannt war. Während andere Wälder mühsam wieder aufgeforstet werden mussten, hat das Grävingholz sämtliche Eingriffe gut überstanden.

Das Brechtener Gehölz ein beliebter Ort für die Menschen aus den angrenzenden Stadtteilen: Ob Jogger, Radler oder Wandergruppen: Sie alle sind Anhänger des Stadtwaldes und genießen die Stille fernab von den typischen Zivilisationsgeräuschen.

Brechtener Straße, 44339 Dortmund

Foto: Mbdortmund / wikipedia

Bolmke

Die Bolmke ist ein stadtnahes Naturschutzgebiet südlich des Signal Iduna Parks (ehemals Westfalenstadion) und der Westfalenhallen mit einer Größe von 52,1 Hektar. Es ist eine grüne Oase für Freiluftfanatiker, Hundebesitzer, Joggingtalente, Spaziergänger und Familien mit Kindern – mit oder ohne Vierbeiner. Zu jeder Jahreszeit lohnt es sich in die Bolmke und für fast jede sportliche oder erholsame Aktivität. Besonders die Finnenbahn eignet sich gut zum Joggen, die Trimm-Dich Geräte direkt in der Nähe erlauben ein Cross-Country-Ganz-Körper-Training an der frischen Luft und unter Gleichgesinnten. Auch Mountainbiker nutzen die Bolmke für Touren.

Die Bolmke stellt den letzten Rest der ehemals ausgedehnten Emscheraue zwischen Hörde und Barop dar. Hier mäandrierte die Emscher in einem breiten Tal. Es handelt sich um eine Feuchtzone, die in vielen Teilen noch naturnah ist, aber durch massive menschliche Eingriffe stark verändert wurde. Nach dem Ersten Weltkrieg wurde in der Bolmke kurzzeitig in illegalem Tagebau Kohle gefördert.

Bolmker Weg, 44139 Dortmund

Volksgarten Lütgendortmund

1885 forderten Bürger ein Gelände für einen Volksgarten im Raum Dortmund als Gegenstück zur massiven Industrialisierung. Auf Initiative des Lütgendortmunder Amtmanns Westermann wurde 1898 ein 1,5 Hektar großes Grundstück erworben, das jedoch keineswegs ausreichte. 1904 lebte dann die Idee zum Anlegen des Volksgarten wieder auf und die Gemeindevertreter sprachen sich für die Anlage eines nun 6,5 Hektar großen Volksgarten aus. Von 1907 bis 1910 erfolgte die Ausführung der Volksgartenanlage in mehreren Bauabschnitten und wurde 1911 eröffnet.

Am Volksgarten, 44388 Dortmund

Volksgarten Mengede

1912 wurde dieser 16 Hektar große Waldpark angelegt. Die Wegeführung ist an den Ideen des Englischen Landschaftsparks orientiert. In den 1920er Jahren wurde das bewaldete Gebiet um Spiel- und Sportflächen für den Breitensport ergänzt. Der Bauernmarkt, Feste des Sportvereins und die Ferienspiele sind alljährliche Programmpunkte. Im Stadion mit Laufbahn und Sprunggruben finden viele Wettkämpfe statt. Seit dieser Zeit existiert auch die Volksgarten Gastronomie. In einem historischen Gebäude direkt am Volksgarten in Mengede liegt das Restaurant Volksgarten Mengede.

Eckei 96, 44359 Dortmund

Volksgarten Bövinghausen

Mit rund 5 Hektar ist der Volksgarten Bövinghausen der kleinste in Dortmund. Jedoch erfüllt auch er mit seinem Waldbestand und gut ausgebautem Fußwegenetz alle Ansprüche, die an eine siedlungsnahe Grünanlage gestellt werden.

Rhader Holz, 44388 Dortmund

Quelle: W-onroad / wikipedia

Umweltkulturpark

Es ist ein ca. 12 ha großes Areal im Tal des Rahmkebaches in Groß-Barop; entstanden auf einer ehemaligen Ackerfläche und wurde als Ausgleichsfläche für die Universitätsbebauung ausgewiesen. Die Nutzgärten und öffentlich zugänglichen Bereiche sind nach den Prinzipien der Permakultur angelegt worden. Sie enthalten Elemente wie Streuobstwiesen, Kräuterspiralen, Trockenmauern und sog. Sonnenfallen.

Ostenbergstraße 107, 44225 Dortmund

Foto: Tanja Schneider

Kurler Busch

Mit fast 200 Hektar ist es das größte Naturschutzgebiet Dortmunds. Als wertvollster strukturreicher Eichenmischwald, der fast vollständig aus Laubbäumen besteht, ergibt sich seine Bedeutung aus seiner relativen Ungestörtheit in der Stadtrandlage, umgeben von landwirtschaftlich genutzten Flächen, der geringen forstlichen Nutzung sowie dem relativ feuchten Standort.

Rahmsloher Weg 62, 44329 Dortmund

Foto: Tanja Schneider

Grünanlage „Bärenbruch"

Auf dem Gelände einer Abraumhalde der ehemaligen Zeche Zollern, wo bereits im Jahr 1857 mit dem Kohleabbau begonnen wurde, entstanden 2003/2004 zeitgleich und nach einem einheitlichen Gestaltungskonzept eine parkähnliche Grünanlage, ökologische Ausgleichsflächen und eine neue Sportanlage. Hier haben Jugendliche Platz zum Skaten und Sportler können ihrem Hobby nachgehen.

Bärenbruch 135, 44379 Dortmund

Foto: Odila Kuno

Park der Generationen

Entstanden ist in Lütgendortmund ein etwa 2,7 Hektar großer „Park der Generationen" für alle Altersgruppen der Bevölkerung mit interessanten und reizvollen Spielmöglichkeiten (Boule, Streetball, Sandspielflächen etc.) sowie Aufenthaltsbereichen für Ruhe und Erholung. Von allen Seiten erschlossen zieht sich das Wegenetz sternenförmig durch den Park.

Im Westfeld, 44388 Dortmund

ZOO DORTMUND

Wie die meisten der Städte im Revier gehört auch in Dortmund ein traditionsreicher Zoo zum Freizeitangebot, der viele tierische Besonderheiten bietet und gerade für Familien mit Kindern zu jeder Jahreszeit einen Ausflug wert ist. Der Tierpark wurde im Jahre 1953 gegründet und beherbergt heute auf etwa 30 Hektar Fläche zirka 230 Tierarten mit rund 1.500 Tieren. Bekannt ist der Zoo vor allem für die Zucht oder Haltung spezieller, gefährdeter Arten wie Große Ameisenbären oder Riesenotter. Der Tierpark hat einen besonderen Waldcharakter, der im Sommer in weiten Teilen einen kühlen, willkommenen Schatten bietet. Besonders interessant für den Nachwuchs sind sicherlich der große Spielplatz, der Streichelzoo oder verteilte Erlebnis-Stationen.

Vom Haupteingang am Rombergpark breitet sich der Zoo für den Besucher fächerförmig nach Osten aus. Begrüßt wird man mit einem großen Teich samt hoher Fontäne, in dem viele Wasservögel wie Flamingos und Enten heimisch sind. Hält man sich links leicht bergauf, findet man Vögel (Greifvögel, Kleinvögel, Eulen, Ibisse), aber auch Kamele und Stachelschweine. Es schließen sich Dachse, Seelöwen, Nutrias, Pinguine, Brillenbären und das Regenwaldhaus „Rumah hutan" mit seinem Affenfreigelände an. Zusammen mit der Luchs-Schlucht gehört der genannte Teil zum stärker bewaldeten Gebiet. Traditionell ist insbesondere die kommentierte Seelöwenfütterung bei Klein und Groß sehr beliebt. Im Südosten befinden sich die große Südamerikawiese mit Ameisenbären und Tapiren, das Kleinkatzen-Gehege, Nashornhaus, die Afrika-Anlage u.a. mit Zebras, das Giraffenhaus und das Siamang-Gehege. Ganz im Westen lassen sich Rentiere, Hirsche und Rehe, die Australienwiese mit Roten Riesenkängurus, Kleine Pandas und das Raubtierhaus besuchen. Neben dem mehrstöckigen Amazonas-Haus befindet sich der Streichelzoo mit dem westfälischen Bauernhof.

Südamerikanische Tierarten sind ein großes Thema im Dortmunder Zoo. Begibt man sich hier auf die Reise – ein Rundweg erschließt fast sämtliche Gehege und berührt mehrfach auch den zentralen großen Spielplatz in der Mitte des Zoos – so kann man hier nach Herzenslust spazieren gehen und sich überraschen lassen, welches Tier als nächstes zu beobachten ist – oder von wem man von der anderen Seite des Zaunes neugierig beobachtet wird.

Mergelteichstraße80, 44225 Dortmund
Telefon: 0231 50 285 93
Sommer (16.03. - 15.10.): Mo - So 9-18.30 Uhr
Winter (01.11. - 15.02.): Mo - So 9-16.30 Uhr
Übergangszeiten: Mo - So 9-17.30 Uhr
zoo.dortmund.de

GEWÄSSER

Abwechslungsreiche Naherholung im Stadtgebiet Dortmund ist dank zahlreicher Gewässer jederzeit nur einen Steinwurf entfernt. Neben den Flüssen Ruhr und Emscher sowie dem Dortmund-Ems-Kanal, überraschen Dortmunds Seen und Teiche so manchen Besucher mit ihrer Vielfältigkeit. Ob aufregender Wassersport oder ein Spaziergang in idyllischer Atmosphäre – Wir haben für Sie die schönste Auswahl an Seen und Teichen in Dortmund recherchiert.

Foto: Oliesopu / wikipedia

Foto: Frank Vincentz / wikipedia

Revierpark-See

Der See im Revierpark Wischlingen weiß Besucher jeden Alters auf seine Art zu verzücken. Kinder freuen sich über Spielplätze in unmittelbarer Nähe zum Wasser, darunter sogar ein kleiner Wasserspielplatz mit Verbindung zum See. Erwachsene können bei einem kühlen Getränk im Biergarten „City-Beach" entspannen. Das Lokal hat eigens einen kleinen Sandstrand aufgeschüttet und lockt seine Gäste mit einladenden Liegestühlen und leckerem Flammkuchen. Wer sein Picknick lieber selbst mitbringen möchte, findet garantiert auf den weitläufigen Wiesen am Ufer des Sees ein schattiges oder sonniges Plätzchen.

Für Hobby-Bastler eignet sich der See hervorragend für eine Erkundungstour mit dem Modellboot. Wer sich selbst auf das Wasser wagen möchte, kann hierzu Tret- oder Ruderboote gegen eine kleine Gebühr ausleihen. Für anderweitige sportliche Betätigungen gibt es mehrere Bolzplätze und einen Minigolf-Parcours direkt am See.

Höfkerstr. 12, 44149 Dortmund

Hallerey

Das Hallerey Naturschutzgebiet im Dortmunder Westen liegt unweit des Revierparks Wischlingen und verkörpert als außerordentliches Naturphänomen das Zusammenspiel von Industrie und Natur. Die Entstehungsgeschichte des Sees im Hallerey Naturschutzgebiet hat ihren Ursprung im örtlichen Bergbau. Durch Absenkungen der Gesteinsschichten bildeten sich auch an der Erdoberfläche neue Naturformationen. Die an den See grenzenden Feuchtwiesen bieten einen idealen Lebensraum für zahlreiche Tier- und Pflanzenarten. Das heutzutage 72 Hektar umfassende Gebiet wurde 1977 unter Naturschutz gestellt und darf sich unter Biologen und Hobby-Entdeckern des Rufes eines der beliebtesten Feuchtbiotope im Ruhrgebiet erfreuen. Besonders Ornithologen lieben das Reservat. Mehr als 200 seltene Vogelarten leben im Hallerey und begrüßen jeden Sommer Wasservögel wie die Lachmöwe, die auf der Durchreise hier Halt machen. Auch im ufernahen Buschwerk und Schilf tummeln sich weitere Bewohner: Hallerey ist das Zuhause seltener Amphibienarten: Molche, Kröten und sogar Fledermäuse.

Hallerey 53, 44149 Dortmund

Foto: BinaFalcon / wikipedia

Foto: Tbachner / wikipedia

Foto: Kira Nerys / wikipedia

Pleckenbrinksee

Das mit Ausnahme des Phönix-Sees jüngste Gewässer Dortmunds ist im Stadtteil Wickede zu finden. Der Pleckenbrinksee entstand 2007 aus den Folgen einer Bergsenkung. Obwohl der Untertagebau in dieser Region schon viele Jahrzehnte lang ruht, zeigen sich noch immer dessen Auswirkungen auf die Natur. So geschah es, dass ein früher dort gelegenes Maisfeld langsam absank und sich infolgedessen eine beträchtliche Menge Wasser aufstaute. Heute erstreckt sich der mittlerweile zum See herangewachsene Pleckenbrinksee über eine Länge von 400 Metern. Zwar ist heute aufgrund des Wassers kein landwirtschaftlicher Ackerbau mehr möglich, dafür siedelten sich um den See rasch viele zum Teil seltene Vogelarten an. Hier holte sich die Natur zurück, was einst ihr gehörte. Bewundern lässt sich der See am besten während eines Spaziergangs auf dem 1,6 Kilometer langen Pfad, welcher einmal um den See führt. Mit einem Abstand von ca. 50-100 Metern zum Ufer lassen sich die Tiere wunderbar beobachten, ohne dabei durch die Besucher in ihrem Lebensraum eingeschränkt zu werden.

Wasserkurler Str., 44329 Dortmund

Hengsteysee

Der flächenmäßig mit Abstand größte See Dortmunds liegt an der Stadtgrenze im Dreieck Dortmund-Hagen-Herdecke. Der 4 km lange und 3,3 Mio m³ fassende See ist er einer der sechs Ruhr-Stauseen. Der See lässt sich mit dem Auto oder Motorrad über die kurvigen Serpentinen des Stadtteils Syburg mit der beliebten Hohensyburg erreichen. Die Wasserkraft des Sees wird in zwei Kraftwerken zu Energie gewandelt, so trägt er zur Stromversorgung vieler Haushalte der Region bei. Doch auch mental lässt sich aus dem See einiges an Kraft schöpfen, beispielsweise bei einer Radtour auf der beliebten Route des Ruhrtal-Radwegs. Segel- und Kanufreunde finden Gleichgesinnte in einem der fünf örtlichen Wassersportvereine.

Auch eine Insel mit historischer Vergangenheit hat auf dem Hengsteysee ihren Platz. Vom 1895 erbauten Schlösschen „Niedernhof" am nördlichen Ufer aus sind dort die Überreste des „Mäuseturms" zu begutachten. Der Turm gehörte einst zu einer Brücke, welche die Insel mit dem Festland verband, ehe die Erbauung des Stausees große Teile der Insel verschwinden ließ.

Hengsteystr., 44265 Dortmund

Lanstroper See

Auch dieser See ist infolge des Kohleabbaus aus den Anfängen des 20. Jahrhunderts entstanden. Die Erdoberfläche sank soweit ab, bis sie auf Grundwasser traf. Seit den 1960er Jahren ist er zu einer beliebten Anlaufstelle für Naturliebhaber auf der Suche nach Besonderheiten der Tier- und Pflanzenwelt geworden. Er ist ein wichtiger Bestandteil des regionalen Ökosystems und Lebensraum vieler Wasservögel wie Seereihern, Gänsen und Schwänen. Das üppig wachsende Schilf am Ufer des Sees dient zudem als Zuhause für viele Amphibienarten wie dem kleinen Wasserfrosch oder der Erdkröte. Zusammen mit dem angrenzenden „Hienbergwald" bildet der See ein 74 Hektar umfassendes Naturschutzgebiet, welches erstmals 1990 als solches erklärt wurde. Entlang des Westufers erklären diverse Informationstafeln u.a. die Geschichte des Gewässers und beschreibt die in der Natur zu entdeckenden Schätze des Gebiets. Begeisterte Angler des ASV Lünen-Mitte 1950 e.V. kümmern sich nicht nur um die Befischung des Gewässers, sondern haben sich ebenfalls der Pflege und Aufrechterhaltung des Lanstroper Sees verschrieben.

Friedrichshagen 20, 44329 Dortmund

DER PHOENIX SEE
vom Stahlwerk zum Erholungsgebiet

Der Dortmunder Phoenix See hat Hörde verändert: Mitten im Arbeiterviertel ist ein gediegenes Hafen-Quartier entstanden. 2006 rückten auf der Stahlwerks-Brache die Bagger an — seit 2011 werden die Seegrundstücke mit Wohngebäuden, Büros und Gastronomie bebaut.

Foto: Ingo Herminghaus

Foto: Frank Vincentz / wikipedia

Ob zum Joggen, Radfahren oder Skaten – die 3,2 Kilometer langen Fußgänger- und Fahrradwege rund um das neue Wahrzeichen Dortmunds sind stark frequentiert und laden zur sportlichen Betätigung ein. Der See selbst bietet Wassersportlern vielfältige Möglichkeiten. Besucher können aber auch einfach nur die Atmosphäre am Phoenix See genießen und entspannen, sich kundig machen oder bei einem Spaziergang die Natur beobachten. Nicht nur in den warmen Sommermonaten ist die Promenade sehr belebt – manche genießen das Eis oder sitzen in und vor den Restaurants und Cafés. Und für jede Generation ist etwas dabei: Die Kleinen toben sich auf den Spielplätzen aus, während die Großen die Liegewiesen auf den Stegen und Seebalkonen nutzen.

Der Phoenix See ist ein einzigartiger Naherholungsstandort für die Bürger und die Besucher der Stadt Dortmund. Boule-Bahnen, Fußball-Kleinspielfelder, Kinderspielplätze, hochwertiges Sitzmobiliar, Steganlagen für den Wassersport – seit 2015 ergänzt um einen Ruderboot-Verleih – runden das Angebot ab. Dreh- und Angelpunkt der Idee „Phoenix See" ist die 24 Hektar große Seefläche, auf welcher gesegelt, gepaddelt, gerudert oder auch nur das Modellboot zu Wasser gelassen werden kann.

Darüber hinaus sind rings um den See hochwertige Wohneinheiten, Gewerbe und Büros entstanden, die den Dortmundern eine hochwertige Flanier- und Geschäftsmeile bietet: Der Weg zu Altstadt Hörde ist nicht weit und bietet gute Shoppingmöglichkeiten.

Das Stillgewässer hat eine Länge von 1230 Metern, eine maximale Breite von 310 Metern und eine maximale Tiefe von ca. 4,6 Metern. Die Fläche beträgt etwa 24 Hektar und das Fassungsvermögen etwa 600.000 m³. Der See ist zudem ein Baustein bei der Renaturierung der Emscher. Seine Gestaltung als Regenwasserrückhaltebecken schützt die flussabwärts liegende Wohn- und Gewerbebebauung am Ufer der Emscher vor Hochwasser. Am Mönchsbauwerk im Hafenbecken kann es zurückgehalten und kontrolliert wieder in die Emscher eingeleitet werden. Bei Bedarf kann der See zusätzlich bis zu 360.000 m³ Regenwasser aufnehmen.

Alles in allem hat sich das von der ehemals Schwerindustrie geprägte Bild Hördes in den vergangenen Jahren wesentlich verändert.

Meinbergstraße in 44269 Dortmund
(großer Parkplatz Halde)
oder Faßstraße in 44263 Dortmund
(Parkplatz Burg)

INFORMATION

Eines der größten Stadtentwicklungsprojekte Deutschlands ist der Phoenix See in Dortmund-Hörde. Auf der Fläche eines ehemaligen Stahlwerkes der ThyssenKrupp AG (vormals Hoesch) entstand nach rund 160 Jahren Stahlwerksgeschichte auf insgesamt etwa 100 Hektar Entwicklungsfläche ein neues Naherholungsgebiet, umrahmt von attraktiven Baugrundstücken. Fünf Jahre wurde geplant, bis nach gerade einmal weiterer fünf Jahren Bauzeit der offizielle Startschuss für die Flutung des Sees am 1. Oktober 2010 fiel. Die Umsetzung des Projektes erfolgte durch die Phoenix See Entwicklungsgesellschaft – PhoenixSee 21 -, eine Tochter der Dortmunder Stadtwerke AG - DSW 21 – in Kooperation mit der Emschergenossenschaft und im Auftrag der Stadt Dortmund. Die Stadt Dortmund zeichnet sich auch für die stadtplanerische Idee zum Seeprojekt verantwortlich. Die Vermarktung der Baugrundstücke obliegt Phoenix See 21 bzw. DSW 21. Der Betrieb der Naherholungsanlage Phoenix See wird durch die Stadtentwässerung Dortmund sichergestellt.

Foto: Wirtschaftsförderung Dortmund

Foto: Wolfgang Hunscher / wikipedia

Foto: Mbdortmund / wikipedia

Foto: Mbdortmund / wikipedia

Buschmühlenteich

Über den südlich gelegenen Eingang „An der Buschmühle" mit großem Besucher-Parkplatz erreicht man fußläufig den größten der drei Teiche des Westfalenparks. Die auffälligsten Attraktionen des Buschmühlenteichs sind ohne Zweifel der Seepavillon und die auf dem Wasser befindliche Seebühne, welche in den Sommermonaten als Schauplatz zahlreicher Kulturveranstaltungen dient. Insbesondere die mehrmals in der Woche stattfindenden Vorstellungen eines Open-Air-Kinos auf der Seebühne ziehen die Zuschauer in ihren Bann.

Wer einen schönen Spaziergang durch den Park mit einer ausgiebigen Mahlzeit ausklingen lassen möchte, findet hier das direkt neben dem Buschmühlenteich befindliche Restaurant „Schürmann's im Park". Die Gastronomie bewirtet ebenfalls die Gäste von Veranstaltungen im anmietbaren Seepavillon oder dem Treibhaus. Normalerweise überwintern dort die Palmen des Parks, doch in der warmen Jahreszeit bietet es eine aufregende Kulisse für Events aller Art. Für ausgehfreudige Nachteulen öffnet am Wochenende neben dem Teich die Diskothek „Daddy Blatzheim" ihre Türen.

Kaiserhain

Das nach dem sogenannten „Helden-Kaiser" Wilhelm I. benannte Gewässer ist eines von dreien im Westfalenpark und ist besonders interessant als Ruheort für die Mitarbeiter der unweit des Park-eingangs ansässigen Unternehmen und Behörden. Der Kaiserhain mag nicht das am höchsten frequentierte Gewässer des Parks sein, immerhin verkörpert er jedoch den Grundstein des 1894 erstmals eröffneten Naherholungsgebiets im Dortmunder Süden. In den frühen Jahren des 20. Jahrhundert schickte es sich für jeden stattlichen Dortmunder Bürger, den Sonntagvormittag vor oder nach dem Kirchenbesuch mit einem ausgiebigen Spaziergang um den Kaiserhain zu verbringen. Viele Jahre später wurde im Zuge der Bundesgartenschau 1959 der Stadtpark ausgehend vom Kaiserhain erweitert und der Westfalenpark entstand. Noch immer zieren einige Denkmäler der Helden des Kaiserreichs das Ufer des Hains. Außerdem verleihen farbenfrohe Wasserspiele und Springbrunnen dem Kaiserhain eine unaufgeregte Stimmung und zeichnen das Bild einer ruhespendenden Oase mitten im Stadtgebiet Dortmund.

Flamingoteich

Der nahegelegenste Zutritt zum Park, um zum Flamingoteich zu gelangen, ist der Eingang Ruhrallee. Dieser lässt sich mit dem Auto über die Bundesstraße 1, aber auch per U-Bahnlinie U45, über die Haltestelle „Westfalenpark" erreichen. Mit einem beleuchteten Wasserspiel weiß er auch bei Dunkelheit zu verzücken. Die sprudelnde Fontäne - mitsamt einem Flamingo im Bild - ist einen echten Schnappschuss wert. Die rosafarbenen Flamingos, die einbeinig stehend auf dem Teich zuhause sind, gibt es natürlich auch tagsüber zu bewundern. Für Sportbegeisterte wurden Beachvolleyball-Felder errichtet, die im Sommer den Flamingoteich zu einem zentralen Treffpunkt im Park werden lassen. Unweit des unübersehbaren Florianturms gelegen, eignet sich der Flamingoteich als perfekter Einstieg für einen Rundgang durch den Park. Direkt neben dem Teich befindet sich der Einstieg zur Mini-Eisenbahn, welche die Besucher innerhalb von 15 Minuten durch den gesamten Park transportiert. Tagsüber können die Flamingos vom Café Durchblick aus bestaunt werden.

An der Buschmühle 3, 44139 Dortmund

Am Kaiserhain 1, 44139 Dortmund

Florianstr. 15-21, 44139 Dortmund

Foto: Frank Vincentz / wikipedia

Rombergpark-Teich

Der Teich im Rombergpark bildet das Zentrum des besonders bei Liebhabern der Pflanzenwelt bekannten Parks. Liebevoll platzierte Stege und Holzbänke entlang des Teichufers verleihen dem Teich eine besondere Anziehungskraft, welche eine Pause vom schnellen Alltag der Stadt Dortmund zu einer schönen Erinnerung macht. Erreichbar über die B54 oder mit der U49, Haltestelle „Rombergpark".

Am Rombergpark 49B, 44225 Dortmund

Foto: Tanja Schneider

Löschwasserteiche Bittermark

Die heute noch vorhandenen Teiche stammen aus einer Zeit, zu der es noch keine zentrale Wasserversorgung gab. Die Teiche dienten zum einen als Reservoir für die Feuerwehr, aber auch als Betriebswasserreserve der Zeche Gottessegen, beispielsweise für die Kohlewaschung. Heute sind sie ein beliebtes Ausflugsziel für viele Dortmunder und laden zu einem ausgiebigen Spaziergang ein.

Spissenagelstraße 60, 44229 Dortmund

Foto: Tanja Schneider

Grünanlage „An den Teichen"

Gemeinsam mit dem Wäldchen „Burgholz" verbindet die ruhige Anlage den Stadtteil Eving mit dem Zentrum. Am Teich sind ein Spielplatz und gemütliche Sitzgelegenheiten vorzufinden. Ein pilzförmiger Unterstand bietet auch bei Regen Schutz. Verschönert wird der Teich zudem durch ein fontänenartiges Wasserspiel. Erreichbar mit der U42 über die Haltestelle „An den Teichen".

An den Teichen , 44339 Dortmund

Foto: Tanja Schneider

Schulte-Rödding-Teich

Mit einem aufwendigen Verfahren wird derzeit der Kirchderner Graben renaturiert. Nach Fertigstellung soll dort neuer Lebensraum für Tier wie Ringelnattern und Kreuzkröten geschaffen werden. Für Anwohner und Gäste soll der neu gestaltete Bachlauf in den nächsten Jahren zu einem ansehnlichen Stück Natur heranwachsen. Hier hält ebenfalls die U42 bei „Schulte Rödding".

Im Karrenberg 32, 44339 Dortmund

Foto: Helfmann / wikipedia

Süggelbach-Teich im „Naturschutzgebiet auf dem Brink"

Ausgehend vom Brechtener Süggelbach befindet sich um den Teich ein zum Naturschutzgebiet erklärtes Biotop mit sowohl feuchten als auch trockenen Bereichen. Gesäumt wird der Teich von eigenartig gewachsenen Schwarzerlen, welche durch ihre außergewöhnliche Form dem Teich einen bizarren Rahmen verleihen.

Auf dem Brink, 44329 Dortmund

Foto: Helfmann / wikipedia

Teich im Naturschutzgebiet Mastbruch

Der Teich wird hauptsächliches durch bewaldetes Gebiet umschlossen. Im 18. Jahrhundert wurden hier mithilfe der Nahrung durch Bucheckern und Eicheln Hausschweine gemästet, daher stammt der Name „Mastbroich". Heute ist das Naturschutzgebiet durch die Nähe der vielen Siedlungen und Vandalismus gefährdet.

Lessenstraße 2, 44357 Dortmund

Foto: Rainer Sturm, aboutpixel.de

SPORT

Foto: Hubert Wimmer, pixelio.de

Wenn es zusätzlich zu einem schwungvollen Tag im Freien noch etwas mehr sein darf, können Sie sich auch diese Wünsche hier erfüllen.

Minigolf

Minigolfanlage Fredenbaumpark
Westerholz 42-46, 44147 Dortmund
Telefon: 0231 81 61 15
www.minigolf-online.de

Minigolfanlage am Restaurant DIECKMANN´S
Wittbräucker Str. 980, 44265 Dortmund
Telefon: 0231 774 94 40

MGC Dortmund Syburg
Hohensyburgstr. 181b, 44329 Dortmund
Telefon: 02331 2 17 24

Miniatur-Golf-Club Brechten e.V.
Am Gulloh 69, 44339 Dortmund-Brechten
Telefon: 0231 80 33 16

Bowling

City Bowling Dortmund
Kampstraße 35, 44137 Dortmund
Telefon: 0231 17 72 68 70
www.citybowl-do.de

Bowltreff Dortmund
Mallinckrodtstraße 212, 44147 Dortmund
Telefon: 0231 8 28 05 55
www.bowltreff.de

Dortmunder Keglerverein 1922 e.V.
Märkische Str. 84, 44141 Dortmund
Telefon: 0231 523712
www.kegelcenter-dortmund.de

Ballonfahrten

Skytours Ballooning GmbH
Heinrich-Pesch-Straße 12, 50739 Köln
Telefon: 0221 35 55 60
www.skytours-ballooning.de

Ballonsport Marl
Telefon: 02365 9 74 33 53
www.ballonsport-marl.de

Air4You
Telefon: 0700 5 55 0 44 88
www.air4you.de

Hot Air Balloon & AIR ALBATROS GmbH
Brunshofstraße 3, 45470 Mülheim/Ruhr
Telefon: 0208 37 01 91
www.hot-air-balloon.de

Klettern

Kletter- und Boulderhalle Bergwerk
Emscherallee 33, 44369 Dortmund
Telefon: 0231 1 35 66 35
www.Kletterhalle-bergwerk.de

Kletterturm im Freien
Vogelpothsweg, 44149 Dortmund
www.alpenverein-dortmund.de

Hochseilgarten in der Erlebniswelt Fredenbaum - BIG TIPI
Lindenhorster Str. 6, 44147 Dortmund
Telefon: 0231 28 66 89 80
www.dortmund.de/de/leben_in_dortmund

Tree2Tree Naturhochseilgarten
(im Winter geschlossen)
Höfkerstraße 12, 44149 Dortmund
Telefon: 0180 5 8 73 32 87 33
www.tree2tree.de

Soccerhalle

Soccerworld Dortmund GmbH
Bunsen-Kirchhoff-Straße 9, 44139 Dortmund
Telefon: 0231 95 25 69 80
www.hallenfussball.de

Soccer City Center
Körnebachstraße 102, 44143 Dortmund
Telefon: 0231 51 44 10
www.soccer-city-center.de

Mountain Bike

Bike-Park in Dortmund Aplerbeck
Benediktiner Straße 81, 44287 Dortmund
Telefon: 0231 44 56 26
www.asc09dortmund.de

Bike-Park in Dortmund Deusen
Lindberghstraße, 44369 Dortmund
Telefon: 0231 9 11 11 11
www.edg-mountainbike-arena.de

Schwimmbäder

Westbad
Kortental 15, 44149 Dortmund
Telefon: 0231 17 81 11
www.dortmund.de/de/leben_in_dortmund/
sport/schwimmbaeder/westbad

Nordbad
Leopoldstr. 50-58, 44147 Dortmund
Telefon: 0231 5 02 51 51
www.dortmund.de/de/leben_in_dortmund/
sport/schwimmbaeder/nordbad

Südbad
Ruhrallee 30, 44139 Dortmund
Telefon: 0231 5 02 35 03
www.dortmund.de/de/leben_in_dortmund/
sport/schwimmbaeder/suedbad

Hallenbad Aplerbeck
Diakon-Koch-Weg 6, 44287 Dortmund
Telefon: 0231 44 56 80
www.sgsued.de

Hallenbad Dortmund-Brackel
Oesterstraße 68, 44309 Dortmund
Telefon: 0231 25 32 60
www.sportwelt-dortmund.de

Hallenbad Dortmund-Eving
Württemberger Straße 2, 44339 Dortmund
Telefon: 0231 9 88 74 11
www.hallenbad-eving.de

Hallenbad Dortmund-Hörde
Eichsfeld 5, 44265 Dortmund
Telefon: 0231 46 23 36
www.ssc-hoerde.de

Hallenbad Dortmund-Hombruch
Deutsch-Luxemburger-Straße 63
44225 Dortmund
Telefon: 0231 71 18 04
www.sportwelt-dortmund.de

Hallenbad Dortmund-Lütgendortmund
Volksgartenstraße 80, 44388 Dortmund
Telefon: 0231 63 12 82
www.sportwelt-dortmund.de

Hallenbad Dortmund-Mengede
Neumarkstraße 40, 44359 Dortmund
Telefon: 0231 35 05 51
www.sportwelt-dortmund.de

Hallenbad „Die Welle" mit Solewasser
Gleiwitzstraße 279 a, 44328 Dortmund
Telefon: 0231 5 02 88 60
www.sv-derne.de

**Revierpark Wischlingen –
Solebad, Sauna, Eishalle, Park**
Höfkerstraße 12, 44149 Dortmund
Telefon: 0231 9 17 07 10
www.wischlingen.de

Freibad Volkspark
Schwimmweg 2, 44139 Dortmund
Telefon: 0231 5 02 87 43
www.sportwelt-dortmund.de

Freibad Wellinghofen
Hopmanns Mühlenweg, 44265 Dortmund
Telefon: 0231 46 25 61
www.sportwelt-dortmund.de

Froschloch
Löttringhauser Straße 103, 44225 Dortmund
Telefon: 0231 71 25 60
www.sportwelt-dortmund.de

Freibad Hardenberg
Badweg 30, 44369 Dortmund
Telefon: 0231 31 01 80
www.sportwelt-dortmund.de

Schwimmverein Derne 1949 Dortmund e.V.
Im Sperrfeld 32, 44329 Dortmund
Telefon: 0231 89 05 52
www.sv-derne.de

Sauna

Jumbo-Center Dortmund
Wellness-Center
Dammstraße 44, 44145 Dortmund
Telefon: 0231 8 80 58 53
www.jumbocenter.net

Sahara Hamam
Türkisches Dampfbad
Meißener Straße 15, 44139 Dortmund
Telefon: 0231 1 88 29 16
www.sahara-hamam.de

l'Arrivée HOTEL & SPA GmbH
Wittbräucker Straße 565
44267 Dortmund-Höchsten
Telefon: 0231 / 880 50 0
www.hotel-larrivee-dortmund.de

Radisson Blu Hotel, Dortmund
An der Buschmuehle 1, 44139 Dortmund
Telefon: 0231 1 08 60
www.radissonblu.com/en/hotel-dortmund

Tauchen

2 Elements Tauchschule
Baststraße 2, 44265 Dortmund
Telefon: 0231 8 62 15 80
www.2-elements.com

Tauchschule Proline Diving
Hoeteweg 40, 44357 Dortmund
Telefon: 0231 4 49 98 62
www.proline-diving.de

**VfL Kemminghausen Dortmund:
Schwimmen Tauchen Aquafitness**
Württemberger Str. 2
44339 Dortmund
Telefon: 0231 2 28 37 85
www.vfl-kemminghausen-e-v.de/
tauchen

Segeln

Universitäts-Segel-Club Dortmund e. V.
Baroper Straße 241, 44227 Dortmund
Telefon: 0231 75 06 33
www.usc-dortmund.de

SHV Dortmund
Voßkuhle 25, 44141 Dortmund
Telefon: 0231 52 25 96
www.shv-dortmund.de

Yachtclub Phoenixsee e.V.
Iltisweg 16, 44269 Dortmund
Telefon: 0231 5 86 80 20
www.yachtclub-phoenixsee.de

Adriatic Sailingteam UG Dortmund
Willem-van-Vlotenstraße 13-15,
c/o APM, 44263 Dortmund
Telefon: 0231 9 86 82 40
www.adriatic-sailingteam.de

Kanu

**Erster Dortmunder
Kanu-Verein von 1924 e.V.**
Alte Ellinghauser Straße 88
44339 Dortmund
Telefon: 0231 85 18 73
www.1dortmunderkanuverein.de

Foto: Dortmunder Rennverein

Foto: Christian Ernst

Foto: Schwarzlicht Minigolf, www.glowingrooms.

Galopprennbahn

Das Wetter spielt auf der Galopprennbahn in Wambel keine Rolle: Von November bis März finden die Rennen unter Flutlicht auf der 1600 Meter langen Allwettersandbahn statt, von April bis Oktober auf der 2000 Meter langen Grasbahn. Auf zwei beheizten, überdachten und mit Glas verkleideten Tribünen kann somit ein Renn-Nachmittag nicht nur spannend, sondern auch entspannend sein.

Jährlich locken der Sparkassen-Renntag, das Deutsche St. Leger und der Große Preis der Dortmunder Wirtschaft ein breites Publikum nach Wambel. Die Trainingsanlage beherbergt rund 60 Pferde, die von drei Trainern ausgebildet werden. Wer mehr über die Geschichte der Galopprennbahn – die 1913 angelegt wurde – erfahren will, kann mit einer Gruppe ab 15 Personen eine Rennbahnführung oder ein Rennbahnfrühstück buchen. Wenn auf der Bahn keine Pferde aktiv sind, wird sie für Flohmärkte genutzt. 1963 fand außerdem die Schlussveranstaltung des Ev. Kirchentags mit 350.000 Teilnehmern dort statt. Im Innenfeld befindet sich zudem ein Neun-Loch-Golfplatz.

Rennweg 70, 44143 Dortmund
Telefon: 0231 5 62 26 60
www.dortmunder-rennverein.de

Kartbahn

Es riecht nach Benzin und die Motoren dröhnen: Echte Rennsport-Gefühle werden im Dortmunder Stadtteil Barop wach. Auf 1600 Metern Rennstrecke flitzen die Karts durch zwei große Hallen – das Wetter spielt hier also keine Rolle. Die Fahrer – Kinder ab 1,40 Meter Körpergröße dürfen dabei sein – müssen in einer Runde 20 Kurven bewältigen, die längste Gerade beträgt 70 Meter. Die Strecke ist zwischen vier und sechs Meter breit, danach kommt die Bande – Reifenstapel sorgen für Aufprallschutz.

Auch für die Zuschauer soll es nicht langweilig werden. Über Monitore und eine Video-Leinwand werden sie während des Rennens auf dem Laufenden gehalten. Platzierungen, Bahnrekorde und Tagesbestzeiten werden dort bis auf eine tausendstel Sekunde angezeigt. Die Fahrer bekommen im Anschluss eine persönliche Rennauswertung mit Rundenzeiten und – falls gewünscht – Pokale und Medaillen. Wer Interesse hat, kann in der Karthalle auch eine Tagung, Weihnachtsfeier oder Kindergeburtstag austragen.

Baroper Bahnhofstraße 79-85, 44225 Dortmund
Telefon: 0231 75 11 55
www.kart-rennen.com

Schwarzlicht Minigolf

Die Indoor-Minigolf-Anlage in der Dortmunder Innenstadt ist ein wetterunabhängiger Freizeitspaß für alle Altersklassen. Die sogenannten „Glowing Rooms" werden durch Schwarzlicht und den Einsatz von 3D-Brillen zu einem spannenden Ereignis. Alle Räume wurden über Wände und Boden von Graffiti-Künstlern gestaltet. Farbe und Licht beflügeln die Fantasie. Mit Pandora, Zwergenheim und Weltall gibt es drei Spielwelten, die in leuchtend bunten Figuren und Formen erstrahlen. Die gesamte Raumoptik erwacht so zum Leben und führt die Spieler auf eine fantastische Reise.

Vor lauter Staunen sollte das eigentliche Spiel nicht vergessen werden: Die 18 Minigolf-Bahnen verteilen sich auf rund 500 Quadratmeter und genauso wie auf den normalen Outdoor-Anlagen muss der Ball mit möglichst wenigen Schlägen ins Loch gebracht werden. Die Glowing-Rooms sind nicht nur ein beliebtes Ausflugsziel für Kindergeburtstage, sondern auch für Junggesellenabschiede, Familienfeiern und Firmenevents.

Heiliger Weg 7-9, 44135 Dortmund
Telefon: 0231 95487358
www.glowingrooms.com

Fotos: GolfRange

GOLF AREAL

Royal Saint Barbara's Dortmund Golf Club e.V.

Östlich gelegen, präsentiert sich der Golfplatz des Royal Saint Barbara's Golfclub auf rund 70 Hektar als Parkland Course. Gegründet wurde der Verein 1969 von Soldaten der Britischen Rheinarmee als Royal Artillery And Dortmund Garrison Golf Club. Der auf dem früheren Flugplatz entstandene 18-Loch-Kurs (Par 72) ist 6110 Meter lang und geprägt durch alten Baumbestand sowie lange Par-4- und schwierige Par-5-Bahnen. Höhepunkte des Platzes sind das erweiterte Inselgrün (Bahn 9) und das Doppelgrün (Bahn 12 und 16), das mit 1280 Quadratmetern und 70 Metern Länge die Größe von fünfeinhalb Tennisplätzen hat. Ein furioses Finale erfordert das über Wasser anzuspielende 18. Grün.

Saint-Barbara-Allee, 44309 Dortmund
Telefon: 0231 90 98 65 – 0
www.golfclub-dortmund.de

Dortmunder Golfclub e.V.

Die 18 Spielbahnen sind eingesäumt von Lärchen, Eichen und Mischwald. Erhöhte Grüns, Wasserhindernisse und der uralte Baumbestand machen den besonderen Reiz aus. Die breiten Fairways lassen den Platz auf den ersten Blick leicht erscheinen. Doch: Viele Grüns sind beim Annäherungsschlag nicht einsehbar, da sie bergauf gespielt werden müssen. An Loch 5 muss der Spieler mit dem zweiten Schlag zwei nebeneinander liegende Teiche überwinden. Den Abschluss der ersten 9 Loch bildet ein langes Par 5, zum Clubhaus ansteigend. Die zweite Hälfte bietet ein genauso abwechslungsreiches Spiel, wobei die Löcher jenseits der Irminsulstraße landschaftlich reizvoll und attraktiv sind. Der Platzrekord liegt bei 62 Schlägen.

Reichsmarkstraße 12, 44265 Dortmund
Telefon: 0231 77 46 09
www.dortmunder-golfclub.de

GolfRange Dortmund

In Wambel befindet sich ein 9-Loch-Golfplatz mit einer überdachten Driving Range mit 36 Abschlägen und 20 Rasenabschlägen.

Dort kann auch unter Flutlicht geübt werden – und das an 365 Tagen im Jahr. Sowohl Anfänger, als auch fortgeschrittene Golfer sollten ihre Herausforderung finden. Eingebettet in die Rennbahn hat GolfRange Dortmund seinen ganz eigenen Flair.

Bedingt durch die engen Grenzen der Rennbahn ist auf den schmalen Spielbahnen vor allem ein genaues Spiel gefragt. Den krönenden Abschluss einer spannenden Runde bildet das 452 Meter lange Par 5, bei dem durchgehend entlang der Zielgeraden der Rennbahn gespielt werden muss.

Rennweg 70, 44143 Dortmund
Telefon: 0231 9 81 29 50
www.dortmund.golfrange.de

BORUSSIA DORTMUND

Rot und weiß – das sind die Farben der Stadt Dortmund. Doch das Blut, das durch die Adern der Menschen fließt, ist schwarzgelb. Borussia Dortmund gibt den Takt vor, in dem die Herzen schlagen und die Hormone ausgeschüttet werden. Einen Ruhepuls kennt die Westfalenmetropole nicht mehr, seit die Pausen zwischen den Spielen immer weniger und immer kürzer werden.

Der Kalender des Oberbürgermeisters richtet sich hier nach dem Rahmenterminplan der Fußballverbände. Hochzeiten werden an den Bundesliga-Spielplan angepasst. Pfarrer bauen den BVB in ihre Predigt ein. Und die Zeit wird nicht in Stunden à 60 Minuten angegeben, sondern in 90 Minuten plus x. Dortmund lebt Fußball. Eine Region liebt ihre Borussia. Und sie erlebte in den vergangenen Jahren ein modernes Märchen.

Im Frühjahr 2005, am unrühmlichen Ende der Amtszeit der Geschäftsführer Dr. Gerd Niebaum und Michael Meier, war Borussia Dortmund eigentlich Geschichte. Mehr als 120 Millionen Euro Schulden drückten den Klub. Borussia Dortmund war zahlungsunfähig. Er stand mit eineinhalb Beinen im Grab oder – wie der heutige Klubchef Hans-Joachim Watzke rückblickend sagt – „im Vorraum der Pathologie". Die Fans trugen nur noch Schwarz. Ohne Gelb. Trauerflor.

Der Rest ist bekannt. Watzke und Präsident Dr. Reinhard Rauball gelang das scheinbar Unmögliche: erst die wundersame Rettung, dann die Wunderheilung. Der BVB stand wieder auf – und auch das macht ihn aus; auch das ist ein Grund für die außergewöhnlich enge emotionale Verbindung zwischen den Menschen in Dortmund und ihrem Verein. Die Borussia ist wie die Stadt.

Die Stadt war nach dem Krieg Motor des Wirtschaftswunders. Später erlebte sie den Untergang von Kohle, Stahl und Brauereien, überlebte ihn – und wandelte sich zum Forschungs- und Wissenschafts-, zum Logistik- und Dienstleistungszentrum.

Auch der BVB hat viele Höhen und Tiefen durchlebt in den mehr als 100 Jahren seit der turbulenten Gründung am 19. Dezember 1909, deren (Vor-)Geschichte die empfehlenswerte Dokumentation „Am Borsigplatz geboren – Franz Jacobi und die Wiege des BVB" erzählt. Er gewann 1966 als erster deutscher Klub überhaupt einen Europapokal – und stieg sechs Jahre später aus der Bundesliga ab. Er erklomm 1997 den europäischen Fußball-Gipfel, wurde Weltpokalsieger – und wäre 2005 um ein Haar in die Kreisklasse zwangsabgestiegen. Nur sechs Jahre später war er wieder

Deutscher Meister und holte 2012 erstmals das Double aus Meisterschaft und Pokalsieg.

Der BVB ist gänzlich anders als Bayern München, Real Madrid oder der FC Barcelona. Er steht nicht immer oben; er sonnt sich nicht ständig im Licht. Er stolpert auch manchmal, fällt hin, stürzt tief, rappelt sich auf, klebt sich Pflaster auf die Knie, klopft den Staub aus den Klamotten – und macht weiter!

So war es zuletzt in der Saison 2014/15, als die hochkarätig besetzte Mannschaft um ihren Erfolgstrainer Jürgen Klopp zu Beginn der Rückrunde auf einem Abstiegsplatz stand. Zum ersten Mal seit Jahren hatte Dortmund wieder Angst um seine Borussia. Die Fans waren sauer. Sie waren enttäuscht. Aber keiner pfiff! Sie solidarisierten sich mit dem Team. Nicht nur die Südtribüne, die berühmte „Gelbe Wand", stand unüberwindbar hinter Klopp & Co, sondern alle Anhänger. Uneingeschränkt. Sie haben sogar einen Gesang dafür: „. . . und wenn Du das Spiel verlierst, ganz unten stehst, dann steh'n wir hier und singen Borussia – Borussia Bee-Vau-Bee!"

Von den Emotionen zu den Zahlen: Achtmal war Borussia Dortmund Deutscher Meister (1956, 1957, 1963, 1995, 1996, 2002, 2011, 2012), dreimal gewann der BVB den DFB-Pokal (1965, 1989, 2012) und 2012 das Double. Er holte 1966 den Europacup der Pokalsieger, gewann 1997 die Champions League und den Weltpokal und stand 2013 zum zweiten Mal im CL-Finale (1:2 gegen Bayern München). Und: Borussia Dortmund ist Fan-Weltmeister. Kein anderer Fußball-Klub hat einen höheren Zuschauerschnitt. Nicht Barca, nicht Real, nicht Manchester United.

Im Gleichschritt mit dem sportlichen Märchen der Ära Jürgen Klopp (von 2008 bis 2015) ging die Gesamtentwicklung des Klubs. Wirtschaftlich ist der BVB heute so strotzgesund wie wohl noch nie. Er hat in den vergangenen Jahren Millionensummen in die Modernisierung des Signal Iduna Parks investiert, im Ortsteil Brackel ein Trainings- und Nachwuchsleistungszentrum und an der Strobelallee die „BVB-FanWelt" gebaut – ein Dienstleistungszentrum und Treffpunkt für die Anhänger.

Er pflegt – unter anderem im „Borusseum", dem Klubmuseum – seine Tradition und weitet anderseits als Global Player seine Geschäftsfelder nach Asien aus. Seine Website www.bvb.de ist die virtuelle Anlaufstelle für zig Millionen Internet-User im Monat; auch bei Facebook und Twitter hat der BVB Millionen Freunde und Follower. Zudem betreibt der BVB einen eigenen Netradio und -fernsehkanal.

Vor einigen Jahren, noch zu Beginn dieser rasanten Entwicklung, hat Borussia Dortmund ein Markenversprechen entwickelt, auf dem alle Aktivitäten aufbauen. Nach außen wird dieses schwarzgelbe Selbstverständnis durch zwei Worte repräsentiert: Echte Liebe. In der Welt von Werbung und PR nennt man so etwas einen „Claim".

In Dortmund ist es mehr als das. Es ist die exakt treffende Beschreibung des Verhältnisses zwischen Fans und Verein.

Kartenstelle (in der BVB-FanWelt)
Strobelallee 54, 44139 Dortmund
Tickethotline: 0 18 05 30 90 00
Mo-Freitag 10-18 Uhr

Geschäftsstelle
Telefon: 02 31 90 20 0

www.bvb.de

Hier werden Sie fündig!

Sie möchten von einem Besuch in Dortmund gerne eine kleine Aufmerksamkeit für Freunde und Familie mitbringen? Eine wunderbare Idee!

Doch auch, wenn Sie für sich selbst einkaufen wollen oder Lust haben, ein paar Gaumenfreuden zu erleben, wird Dortmund Ihnen ohne Zweifel sehr ge-

fallen. Suchen Sie etwas Neues für Ihren Kleiderschrank, sind Sie willkommen in Dortmunds kleineren und größeren Boutiquen. Diese passen ihr Angebot den neuesten Trends von den großen Laufstegen der Welt an. Von schicken Kostümen bis hin zur Freizeitjeans und tollen Dessous finden Sie hier alles, um sich ganz oder teilweise neu einzu-

kleiden. Top-aktuelle Mode darf dabei selbstverständlich nicht fehlen, genauso wenig, wie elegante Damenmode.

Gleichzeitig können Sie passende Taschen, Tücher oder Gürtel in allen Farben und Formen kaufen. Sie werden sich in der Kleidung wohl fühlen. Neben den passenden Accessoires zum

Outfit gibt es selbstverständlich auch die richtige Dekoration für zu Hause. Vielleicht darf es das Hochwertige sein? Das Künstlerische? Oder aber auch ein besonderes Geschenk für die Liebste? Mit dem passenden Tröpfchen oder einem hervorragendem Stück Naschwerk wird dies eine runde Sache. Duftende Blumen sind schließlich das i-Tüpfelchen.

Besonderes Augenmerk sollten Sie den inhabergeführten Geschäften schenken, die eine Stadt wie Dortmund im Detail ausmachen. Vielleicht sind Sie auf der Suche nach etwas Besonderem für jemanden, der Ihnen am Herzen liegt. In Dortmund ist die Auswahl an Schmuck fast unbegrenzt und reicht von Edelsteinen bis zu Gold und Silber, manchmal von Hand und nach Ihren Wünschen maßgefertigt. Stets in bester Qualität. Erstklassig und Exklusiv. Sprechen Sie die Experten an!

An Fachgeschäften mangelt es in Dortmund wahrlich nicht. Hier stimmen Service, Kompetenz und Auswahl. Sowohl in der Innenstadt als auch in den Stadtteilen sind Fachgeschäfte und inhabergeführte Läden ein Garant für kompetente Beratung und tollen Service. Wenn Sie darauf Wert legen, werden Sie in Dortmund auf jeden Fall fündig. Die Universitäts-Stadt ist eben ein Einkaufsparadies, das entdeckt werden will. Neben einer einzigartigen Auswahl an Bekleidung und Accessoires hält Dortmund selbstverständlich auch für Genießer in seinen Spezialgeschäften so einiges bereit. Auch hier ist die Liste schier grenzenlos. Wir haben für Sie eine Auswahl renommierter Geschäfte angesprochen und ihnen die Gelegenheit gegeben, sich zu empfehlen.

::Pott au Chocolat

In unserer gläsernen Produktion im Herzen Dortmunds können Sie uns über die Schulter schauen, wie wir feinste Pralinen, Schokoladen, zarte Macarons und Eis produzieren. Wir beraten Sie gerne auf Ihrer Suche nach köstlichen und individuellen Geschenken und süßen Geschmackswünschen.

Kaiserstraße 61, 44135 Dortmund
Telefon: 0231 95 01 83 50
Mo-Fr 10-18 Uhr; Sa 10-14 Uhr
www.pottauchocolat.de

::ART-isotope · Galerie Schöber

Copyright: Ursula Dören

ART-isotope, 2000 in Dortmund von Axel Schöber gegründet, fördert zeitgenössische Kunst mit den Schwerpunkten Druckgrafik/Malerei/Skulptur/Zeichnung durch regelmäßige Ausstellungen, Beratungen und Dokumentationen sowie internationale Kunstwettbewerbe und Messeteilnahmen.

Kampstraße 80 (Höhe Petrikirche), 44137 Dortmund; Telefon: 0172 2 32 88 66 Di, Mi, Fr, Sa 11-14, 15-19 Uhr u.n.V.
www.art-isotope.de

Die volle Ladung BVB!

Die BVB-FanWelt direkt am Stadion – das schwarzgelbe Erlebnis auf über 2000 m². Hier wartet die volle Ladung BVB: Jede Menge Fanartikel, die schönsten Tickets der Liga, das EMMA-Bällebad, ein Bolzplatz der Evonik-Fußballschule des BVB, die Chaqwa-Bar und vieles mehr.

Wir freuen uns auf Sie!

Strobelallee 54, direkt neben dem SIGNAL IDUNA PARK

Öffnungszeiten:
Montag bis Samstag
von 10 -18.30 Uhr

An Heimspieltagen bis eine Stunde nach Spielende. An Sonntagsspieltagen von 10 Uhr bis eine Stunde nach Spielende.

Öffnungszeiten Ticketshop: Montag bis Freitag 10-18.30 Uhr.

::ügō Mode+Wohnen

Alltagstaugliche und ausgefallene Mode bekannter Marken – hochwertige Labels wie DRYKORN, Please,I heart, Penn&InkNy, Lanius, ZWEI-Taschen, Beck Söndergaard und vieles mehr… Neben Mode bietet ügō auch eine große Auswahl an Accessoires, Schmuck, Taschen und Wohnideen.

Liebigstraße 46, 44139 Dortmund
Telefon: 0231 95091548; Mo-Do 10.30-18.30 Uhr, Fr 10.30-19 Uhr, Sa 10-16 Uhr
www.uego-kreuzviertel.de

::Pott au Chocolat

Verführt von edler Schokolade und köstlicher Praline: Von klassisch bis exotisch gibt es mehr als 100 Pralinensorten und über 50 Schokoladen. Das Erfolgsrezept: Geduld, Fingerspitzengefühl, Liebe zum Detail und eine große Portion Fantasie. Wir beraten Sie gerne persönlich!

Hansastraße 99, 44137 Dortmund
Telefon: 0231 95 01 83 59
Mo-Fr 10-19 Uhr; Sa 10-17 Uhr
www.pottauchocolat.de

::Mon Plaisir

In elegantem Ambiente finden Sie eine erlesene Auswahl an Toys, Accessoires und hochwertigen Dessous z.B. von Aubade, Bracli, Cadolle, Escora und anderen exklusiven Herstellern. Dazu wundervoll Erotisches und Prickelndes, um sich selbst zu entdecken und Neues auszuprobieren.

Aldinghofstraße 2-4, 44263 Dortmund
Telefon: 0231 94 194 747
Öffnungszeiten: siehe Homepage
www.monplaisir-shop.de

::Köllner - Pape

Aus Edelmetall und feinsten Schmucksteinen fertigen wir charaktervolle, zeitlose Schmuckstücke. Die klare Formensprache spiegelt sich sowohl in der Architektur des Ateliers, als auch in der Ausstrahlung der Schmuckstücke wider. Individuelle Designlösungen entstehen in einzigartiger Form.

Kleppingstraße 41, 44135 Dortmund
Telefon: 0231 16 08 80
Mo-Fr 10-18.30 Uhr; Sa 10-16 Uhr
www.koellner-pape.de

::hofius Mode

hofius steht seit über 25 Jahren für hochwertige, natürliche Frauenmode. Schnitte, Formen und Farben machen Kleidung von hofius einzigartig und sorgen dafür, dass sie mehr als eine Saison getragen werden kann. Ergänzt wird das Sortiment durch Armor Lux, Vetono und Praechtig Berlin.

Olpe 19, 44135 Dortmund
Telefon: 0231 533 06 79
Mo-Fr 10-18.30 Uhr, Sa 10-16 Uhr
www.hofius-mode.de

::Weinhaus Hilgering

Unser traditionsreiches Weinhaus existiert seit 125 Jahren. Wir führen eine Auswahl von über 900 europäischen Weinen, feinen Bränden und eine Whisky-Auswahl mit mehr als 800 Abfüllungen. Ein Schwerpunkt: die Eigenproduktion von Spezialitäten nach Jahrzehnte alten, geheimen Rezepturen.

Westenhellweg 114, 44137 Dortmund
Telefon: 0231 149027
Mo-Fr 10-19 Uhr; Sa 10-17 Uhr
www.weinhaushilgering.de

::Antiquitäten am Schwanenwall

Seit 25 Jahren ist es eins der schönsten Antiquitätengeschäfte in NRW! Auf 300 Quadratmeter werden polierte Kommoden, Sekretäre, und andere antike Möbel sowie Gemälde, Porzellan, Bronzen, Bücher und Sammlerobjekte präsentiert. Ankauf alter Kunst bis Moderne.

Schwanenwall 4, Dortmund-City
Telefon: 0231 52 25 75 oder 0172 93 72 807
Geöffnet täglich meist ab ca. 11 Uhr
www.ankauf-antiquitäten.de

::BlumenCompany Kersting

Anspruchsvolle und feine Floristik: Vom dekorativen Blumenstrauß bis hin zu edlen Dekorationen und exklusiven Innenraumbegrünungen für Geschäftsräume. Individuell mit dem Kunden abgestimmt, erarbeiten 19 kreative und motivierte Mitarbeiter detaillierte Konzepte für jeden Anlass.

Lindemannstr. 51, 44137 Dortmund
Tolofon: 0231 12 22 73
Mo–Fr 8-18 Uhr, Sa 9–13 Uhr.
www.blumenkersting.de

Mengede

Eving

Scharnhorst

Huckarde

Innenstadt Nord

Brackel

Innenstadt Ost

Innenstadt West

Lütgendortmund

Aplerbeck

Hombruch

Hörde

QUALITÄTSROUTE
DORTMUND

MONIKA WECHSLER
PÂTISSERIE & CHOCOLATERIE

Sie mögen gerne erlesene Weine aus aller Welt? Wunderbar! Am besten zusammen mit köstlich ausgewählten Delikatessen, die Ihnen der reinste Genuss sein werden und auf der Zunge zergehen. Oder Sie lassen sich manches edles Tröpfchen als Präsent oder Erinnerung für zu Hause einpacken. Und genießen rückblickend!

Wer es lieber süß mag, kann sich und andere mit außergewöhnlichen Konfiserie-Spezialitäten verwöhnen. In Dortmund finden Sie Manufakturen und Patisserien. Ob es nun der eigene Gaumen ist, der verwöhnt werden darf – oder ob noch etwas Originelles für die Geburtstagseinladung gesucht wird: Dortmunder Besonderheiten gibtes einige und sind schnell gefunden. Das gilt auch im Hinblick auf die schwarz-gelbe Meisterstadt. Hier schlägt jedes Fan-Herz höher.

Wollen Sie direkt alles unter einem Dach haben, sind Sie in dem Einkaufszentrum Thier-Galerie richtig aufgehoben. Über 150 Fachgeschäfte bieten einen abwechslungsreichen Einkaufsbummel, der dann auch schon mal länger dauern darf.

Möchten Sie sich, Ihren Lieben daheim oder vielleicht einem Geschäftspartner eine Kleinigkeit mitbringen, schauen Sie doch in einem der Geschäfte vorbei. Ob Blumen, erlesene Kleinigkeiten, tolle Antiquitäten, gar Kuriositäten, besondere Kunst und Kunsthandwerk aus aller Welt – die Dortmunder Auswahl macht sich immer gut und bereitet den Beschenkten eine große Freude.

Gönnen Sie sich etwas - und verwöhnen Sie andere!

::Röstwerk

Copyright: Deutscher Kaffeeverband

Im Röstwerk gibt es 13 sortenreine Kaffees/Espresso sowie drei eigene Mischungen. Die Fairtrade-Bohne wird schonend im Trommelröster veredelt. Gerne mahlen wir Ihren Kaffee für zu Hause. Oder Sie buchen unser Schaurösten mit Kaffeeverkostung im Café.

Hörder Rathausstraße 8, 44263 Dortmund
Telefon: 0231 22085063
Mo-Fr 10-18 Uhr, Sa 10-14 Uhr
www.roestwerk-hoerde.de

::Pâtisserie & Chocolaterie

MONIKA WECHSLER
PÂTISSERIE & CHOCOLATERIE

In der kleinen Werkstatt Pâtisserie & Chocolaterie Monika Wechsler entstehen – auch in Kursen – viele Köstlichkeiten wie zum Beispiel Pralinen, Variationen an Kuchen und Torten für alle Gelegenheiten, Schokoladenkreationen, Cupcakes/ Petit Fours oder Brotaufstriche und andere Raffinessen.

Hermannstraße 130, 44263 Dortmund
Telefon. 0231 432308 – Do & Fr 11-18 h,
Sa 10-18 h, So 11-16 h, Mi=Werkstatt-Tag
www.monika-wechsler.com

Essen & Trinken

Wer glaubt, man müsse erst ein Flugticket in die große weite Welt kaufen und lange Wege hinter sich bringen, um in den Genuss exotischer Leckereien zu kommen, hat sich geirrt.

Denn so verführerisch Fernreisen auch sein mögen: Zumindest was die Gaumenfreuden angeht, müssen Freunde kulinarischer Besonderheiten nicht allzu weit reisen – auch hier können Sie in zahllosen Restaurants ungeahnte Schätze aus allen Küchen der Welt haben!

Aber beginnen wir sozusagen vor der Haustür: Die vertraute, gutbürgerliche deutsche Küche, bei vielen aus gutem Grunde beliebt, ist in Dortmund besonders traditionsreich. Denn: Einige Lokalitäten blicken bereits auf eine lange Geschichte zurück und sind seither bei den Liebhabern kulinarischer Köstlichkeiten beliebt.

Bei den Dortmunder Restaurants wird viel Wert auf regionale Leckerbissen und Köstlichkeiten gelegt und begeistern immer wieder: Der hungrige Besucher kann sich durch viele kalte und warme, meist gut gewürzte Speisen essen. Ob Köstlichkeiten vom Grill, mediterrane Köstlichkeiten sowie frischer Fisch und Meeresfrüchte oder gar das einzigartige Steak . . . die Liste findet (fast) kein Ende. Dortmund bietet nicht nur Restaurants mit schönem Ambiente, sondern auch Ausflugsziele vor außergewöhnlicher Kulisse.

Die passenden Getränke gehören natürlich auch dazu. Ob ein gutes Bier oder eine Flasche edlen Weins – bei einem leckeren Essen und einem guten Tropfen lassen sich nicht nur Geschäfte viel besser abschließen (oder feiern), auch so manche Liebe – die ja bekanntlich durch den Magen geht – findet hier ihren romantischen Beginn. Bei der Wahl der richtigen Weinsorte zum Essen sollten Sie sich vom fachkundigen Service-Personal beraten lassen. Bekanntlich gilt die alte Regel „Weißwein zu hellem und Rotwein zu dunklem Fleisch" schon längst nicht mehr in dieser Pauschalität, sondern die Harmonie der Aromen zählt. Lassen Sie sich von den Empfehlungen der Fachleute überraschen! Sicherlich gibt es beispielsweise auch Getränke, die gerade völlig im Trend sind und nur noch darauf warten, Ihre persönliche Hitliste neu anzuführen.

Deutsche Küche, Italienische Küche – gar Sterneküche! Beginnen Sie mit der Erkundung des reichhaltigen Angebots. Lassen Sie sich doch einfach mal in Dortmund zu einer kulinarischen Reise verführen! Dafür haben wir eine kleine Vorauswahl getroffen: Restaurants, die mit Qualität und Service überzeugen, stellen sich hier vor und präsentieren ihre Spezialitäten.

::Restaurant Cielo

Kulinarische Einzigartigkeit und edle Weine vereint mit hochwertigem Design. Wir bieten exklusive à la carte Spezialitäten und ein besonderes 8-Gang-Menu. Mit exzellenten Speisen und der extravaganten Lage wird purer Genuss mit einem reizvollen Ausblick über Dortmund verbunden.

Karlsbader Str. 1a, 44225 Dortmund
Telefon: 0231 71 00 111
Di-Sa ab 18 Uhr
www.cielo-restaurant.de

::Restaurant Stravinski

Moderne Küche mit mediterranen Einflüssen im außergewöhnlichen, zeitgemäßen architektonischen Ambiente des Konzerthauses in zentraler Lage. Täglich wechselnder Mittagstisch, Menu, Firmenveranstaltungen oder private Feiern. Hier ist alles möglich! Genuss außerhalb der Konzerte.

Brückstraße 21, 44135 Dortmund
Telefon: 0231 58 44 98 50
Mo-Sa ab 11.30 Uhr durchgehend geöffnet
www.restaurantstravinski.de

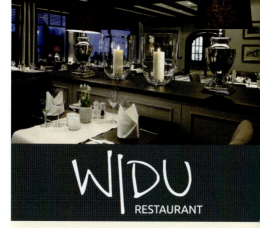

::WIDU

Im 2014 neu renovierten Restaurant „WIDU" mit angrenzender, ruhig gelegener Gartenterrasse genießen Sie internationale Küche sowie regionale Gerichte und Spezialitäten der Saison. In modernem Ambiente bringt Ihr Geschäftsessen Ihnen den gewünschten Erfolg.

Westfalendamm 270, 44141 Dortmund
Telefon: 0231 51930
Mo-Fr 12-14.30 u. 18-22 Uhr, So 12-14.30 Uhr
www.parkhotel-wittekindshof.de

::Der Lennhof

Ihre exklusive Übernachtungsmöglichkeit und Location für Feierlichkeiten und Tagungen jeder Art. Genießen Sie unsere leckere Küche oder entspannen Sie in einzigartigem Ambiente. Das alte Fachwerkhaus präsentiert sich mit modernem Interieur und viel Komfort.

Menglinghauserstraße 20, 44227 Dortmund
Telefon: 0231 758190
Restaurant: 12-14.30 Uhr/18-22 Uhr
www.der-lennhof.de

::Mengeder Volksgarten

Das Hotel-Restaurant liegt direkt am Mengeder Volksgarten. Hier wird in romantischer Atmosphäre Gut-Bürgerliches aus der Küche serviert. Abgerundet wird das Ganze mit Kaffee, Kuchen & Waffeln. Eine reichhaltige Auswahl an Whiskey, Bränden, Likören verwöhnt am Tresen.

Eckei 96, 44359 Dortmund
Telefon: 0231 9415194
Mo-Fr 15-23; Sa/So & Feiertags 11-22 Uhr
www.volksgarten-mengede.de

::Hövels Hausbrauerei

HÖVELS steht für exzellenten Biergenuss und urgemütliche westfälische Gastlichkeit. Hier wird nach alter Tradition gebraut. Bei der Brauereibesichtigung erfährt man die Geheimnisse des Bierbrauens und testet vier verschiedene Biersorten – samt kulinarischen Köstlichkeiten.

Hoher Wall 5-7, 44137 Dortmund
Telefon: 0231 91 45 47 – 0
So-Do 11-0 Uhr; Fr/Sa 11-1 Uhr
www.hoevels-hausbrauerei.de

::EMIL

Gemeinsam mit seinem erfahrenen Team begeistert Küchenchef Sebastian Felsing seine Gäste mit kreativen Gerichten in erstklassiger Qualität. Der Schwerpunkt liegt in der besonderen Fleischkompetenz. Der 800°C heiße Grill leistet dabei ganze Arbeit. Ein Hochgenuss für Fleischliebhaber!

Emil-Moog-Platz (Navi: Rheinische Straße 18), 44137 Dortmund, Telefon: 0231 47 64 78-14
Di-So 18-24 Uhr
www.emil-dortmund.de

::Restaurant Feines

Seit 2008 gibt es hier kulinarische Genüsse aller Art: Ob ein exquisites Abendessen, der tägliche Mittagstisch, Kaffee und Kuchen oder internationale Feinkost – Produkte und Speisen überzeugen den Gaumen. Besondere Anlässe bekommen hier eine außergewöhnliche Atmosphäre.

Harkortstraße 53, 44225 Dortmund
Telefon: 0231 7007676
Di- Fr 10-22.30; Sa 9-22.30; So 11.30-17 Uhr
www.feines-hombruch.de

::Palmgarden

Im faszinierendes Ambiente der Spielbank: Das Sterne-Restaurant mit Flair besticht durch sanftes Licht und warme Farben. Hoch überm schönen Ruhrtal genießt man Gourmet-Gerichte mit Esprit. Dabei werden marktfrische, regionale Produkte in kulinarische Kunstwerke verwandelt.

Hohensyburgstraße 200, 44265 Dortmund
Telefon 0231 7740 735
Mi-So ab 18 Uhr
www.palmgarden-restaurant.de

::Il Gusto

„Gastronomie mit Herz": Hier kann sich der Gast in einer niveauvollen Atmosphäre und behaglichen Umgebung mit kulinarischen Genüssen verwöhnen lassen. Der Koch bereitet neben den Klassikern eigene phantasievolle und genüssliche Kompositionen mit Liebe und großem Können zu.

Ostwall 33, 44135 Dortmund
Telefon: 0231 49 68 003
Mo-So 12-15 Uhr und 17.30–23 Uhr
www.ilgusto-dortmund.de

::Schürmanns im Park

Wunderschön gelegen im Westfalenpark. Die frische Küche hat für jeden Geschmack etwas zu bieten. Neben westfälischen Klassikern finden sich in der Karte immer wieder neue interessante Gaumenfreuden, die auch das Feinschmecker-Herz höher schlagen lassen.

An der Buschmühle 100, 44139 Dortmund
Telefon 0231 226 110 10
Mi-Fr ab 17 Uhr; Sa ab 12 Uhr, So ab 10 Uhr
www.schuermanns-im-park.de

::Rödels Kochlokal

Vom Feinschmecker ausgezeichnet, ist das Rödels Kochlokal ein kleines, feines inhabergeführtes Restaurant in alten Traditionsmauern. Frische, kreative, saisonale Gourmetküche wird begleitet von erlesenen Weinen. Das Menü stellt man sich ganz individuell selbst zusammen.

Hermannstraße 164 & 168, 44263 Dortmund
Telefon: 0231 39968137
Mo & Di Ruhetag, Mi-So ab 18 Uhr
www.kochlokal.de

Mengede

Eving

Scharnhorst

Innenstadt Nord

Huckarde

Brackel

Innenstadt West

Innenstadt Ost

Lütgendortmund

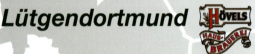

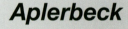

Hombruch

Aplerbeck

Hörde

PALMGARDEN

Rustique RESTAURANT

Vivre

Einige der hier vorgestellten Gastronomien verfügen über einen schönen Außenbereich: Der Biergarten oder die Sommerterrasse laden ein, um auch einfach nur ein Getränk in entspannter Atmosphäre zur genießen. Entscheiden Sie einfach spontan!

Auch bei den Zubereitungsarten können Sie von Dortmund deutlich mehr erwarten als nur Topf oder Bratpfanne. Bei aller Liebe zu fernen Ländern soll aber nicht vergessen werden, dass auch die heimatlichen Gefilde Einiges zu bieten haben. Die Zutaten für die vielen Gerichte aus den unterschiedlichen Ländern und Traditionen kommen manchmal direkt aus der Region und sind deshalb geprägt von dem, was Deutschland anzubieten hat – dies gilt vor allem für Gemüse und Salate, aber auch für viele Fleischarten. Saisonale Gerichte sind besonders lecker und hier reicht das Angebot von leichten Frühjahrsspeisen, leckerem Roastbeef bis hin zu warmen Suppen – nicht nur für kalte Tage. Je nach Jahreszeit gibt es eine kulinarische Auswahl. Vor allem mit viel Liebe zum Detail angerichtet.

Nehmen Sie sich die Empfehlungen der Branche an und testen Sie! Sie sehen, in Dortmund gibt es für jeden Geschmack das Richtige: ob stilvoll elegant oder rustikal, traditionell oder modern. Übrigens: Sie können in der Ruhrstadt nicht nur gemütlich zweisam oder mit der Familie essen, sondern auch private Feste feiern. Viele Restaurants können für Feierlichkeiten jeglicher Art gemietet werden, so dass Sie gemeinsam mit Ihrer Familie und Ihren Freunden Dortmunds kulinarische Vielfalt erleben können.
Testen und genießen Sie!

::Vivre

Küchenchef Johannes Teuber verwöhnt mit kulinarischen Hochgenüssen und steht für eine weltoffene Küche in entspannter Atmosphäre. Vom leckeren Frühstück über Businesslunch bis hin zum Candle-Light-Dinner - genießen Sie Gaumenfreuden pur in einem einmaligen Ambiente.

Wittbräucker Straße 565, 44267 Dortmund
Telefon 0231 880 50 0 - Di-Sa 18–23 Uhr;
Frühstück: Mo-Fr 6.30-12 Uhr; Sa/So 7-11 Uhr
www.hotel-larrivee-dortmund.de

::Rustique

„Westfälische und regionale Gaumenfreuden, schnörkellos auf den Teller gebracht." Wir bleiben traditioneller westfälischer Küche treu und geben ihr einen jungen Schliff. Unser Biergarten – „Dortmunds schönster!" – überzeugt mit Spezialitäten vom Grill und aus dem BBQ Smoker.

Wittbräucker Straße 565, 44267 Dortmund
Tolofon 0231 880 50 0
Mo-So 12–22 Uhr à la carte
www.hotel-larrivee-dortmund.de

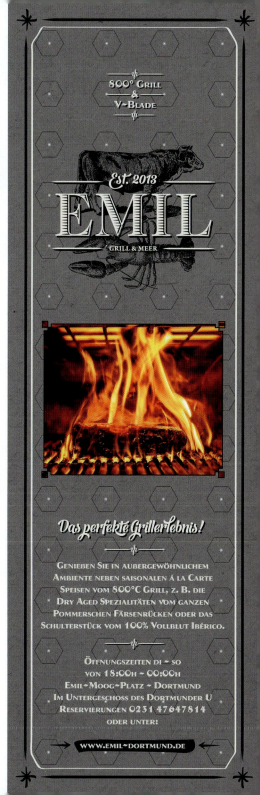

Snacks,
Cocktails & Co.

Mit seiner jahrhundertealten Kultur-geschichte zählt der Kaffee heute zu den beliebtesten und am häufigsten ausgeschenkten Getränken. Die Fra-ge „Gehen wir mal zusammen einen Kaffee trinken?" hat schon viele Be-ziehungen, aber auch Freundschaften angebahnt, und in gemütlichen Cafés und Bistros lassen sich hervorragend

gute Geschäfte abwickeln oder nach den Verhandlungen Kontakte auch auf persönlicher Ebene knüpfen und pflegen. Zum Kaffee gehört natürlich die süße Leckerei, die Sie in Dortmund gleichfalls vorfinden. Wie wäre es mit einem frischen Croissant, leckerer Torte oder außergewöhnlichem Naschwerk? Ob klassisch oder fair trade: Wenn Sie

Ihren Kaffee gerne besonders haben wollen, werden Sie in Dortmund Ihren Spaß haben.

Doch ein ganz anderes Getränke ist das kulinarische Wahrzeichen der Stadt: das Bier. Weit über die Grenzen hinaus ist das Kultgetränk bekannt. Dortmunder Brauereien und ihre Biere haben eine lange, wirtschaftliche und kulturell interessante Geschichte. Gehen Sie auf Erkundungstour und genießen Sie es! Auch das Brauereimuseum lädt dazu ein. Apropos Erkundungstour: Vielleicht schnappen Sie sich einmal Ihre Arbeitskollegen, Familie oder Freunde und versuchen, das Rätsel im Escape-Room zu lösen. Eine spannende Reise… Das gilt auch für die Welt der Glücksspiele. In der Spielbank hat man nicht nur die Wahl, auf Rot und Schwarz zu setzen.

Oder aber Sie mögen es lieber, sich entspannt mit Freunden und Bekannten zu treffen? Beispielsweise in den Cafés und Kultkneipen der Stadt. Zu später Tageszeit darf es sicherlich auch mal ein alkoholisches Getränk sein – sei es ein Glas guter Rotwein oder deutscher Riesling, sei es ein Longdrink, ein Cocktail oder ein zünftiges Weißbier im traditionellen Brauhaus. Ihnen steht eine schier unüberschaubare Zahl verschiedener Drinks zur Verfügung, natürlich auch in der alkoholfreien Version. Sowohl eine Tasse Kaffee als auch ein Cocktail oder ein Bier lassen sich selbstverständlich hervorragend mit einem Snack für den kleinen Hunger zwischendurch verbinden – entweder mit einem ausgewogenen Frühstück, einem passenden Stück Kuchen, einem köstlichen Eisbecher oder aber mit einem Salat, Schnitzel, Panini, Pasta oder internationalen Vorspeisen-Spezialitäten – selbstverständlich auch in vegetarischen Variationen.

Wir haben für Sie eine Vorauswahl aus den beliebtesten, außergewöhnlichsten und traditionsreichsten Lokalitäten und den interessantesten Bars getroffen und ihnen die Möglichkeit gegeben, sich zu empfehlen.

::Key & Free Escape Room

60 Minuten Spannung und Spaß: Wer auf der Suche nach dem Nervenkitzel ist, findet hier eine aufregende Herausforderung. Ihr erkundet den Raum und durch Rätsel, Kombinationen und versteckte Hinweise versucht ihr, wieder zu entkommen. Aber aufgepasst: Die Zeit läuft gegen euch!

Westfalendamm 77 (fürs Navi: Raudestraße 1), 44141 Dortmund, Telefon: 0231 58025044
Buchungen bis 21 Uhr möglich
www.keyandfree.de

::Brauerei-Museum Dortmund

Von der Einsteigertour bis hin zur dreieinhalbstündigen Profirunde reichen die Führungen durch die größte Braustätte des Ruhrgebiets, der Dortmunder Brauereien. Selbstverständlich gibt es abschließend eine Kostprobe der Kultgetränke.

Steigerstraße 16, 44145 Dortmund
Telefon: 0231 8400-200 - Di, Mi, Fr, So 10-17Uhr,
Do, 10-20 Uhr, Sa 12-17 Uhr
www.brauereierlebnis-dortmund.de

::Kieztörtchen

Kuchen, Törtchen, Muffins, Zimtschnecken, Shakes, Süßspeisen, Marmelade, Suppen, Salate: Alles wird mit ausgewählten Produkten mit viel Liebe selbst hergestellt, gekocht, gebacken, gerührt, zubereitet. Wir backen für Sie auch auf individuellen Wunsch und feiern mit Ihnen Ihre Fest bei uns.

Essener Straße 12, 44139 Dortmund
Telefon: 0231 33037202
Di-Fr 9-19 Uhr; Sa/So & feiertags 10-18 Uhr
www.kieztoertchen.de

::Kumpel Erich

Der Heimat verschrieben – mit allem was dazu gehört: Westfälische Küche nicht neu interpretiert, aber mit viel Herzblut und einem leichten Augenzwinkern präsentiert. Dazu gesellen sich lokale und internationale Biere. Denn gutes Bier ist Erichs Leidenschaft. Lecker!

Kreuzstraße 87, 44137 Dortmund
Telefon: 0231 2063221; Mo-Sa ab 17 Uhr; bei allen BVB-Heimspielen 2,5 Stunden vor Anpfiff
www.kumpel-erich.de

::Koehler's Café & Bistro

Ein Treffpunkt für Genießer: Wir legen großen Wert auf eine hochwertige ehrliche Küche mit regionaler Verbundenheit. Das Café mit 130 Sitzplätzen strahlt den Charme eines Wiener Kaffeehauses aus. Im Bistro kann der Gast aus einer Karte wählen; im Sommer stehen zwei Terrassen zur Verfügung.

Wißstraße 26-28, 44137 Dortmund
Telefon: 0231 14 00 15
Mo-Fr 8.45-18.30 Uhr, Sa 8.30-17 Uhr
www.koehlers-feinkost.de

::Café Central

Direkt im historischen Zentrum der Stadt liegt das „Cafe Central" – mit Blick auf das Treiben am Marktplatz. Die Atmosphäre ist hell und gemütlich und erinnert an französische Straßencafés. Die auf mit Kreide beschriftete Tafel weist auf die aktuellen Wochenangebote hin.

Markt 6, 44137 Dortmund
Telefon: 0231 57 99 99
Täglich 10:00 Uhr - open End
www.der-stadtfuehrer.de

::Wenkers

Mehr als Schnitzel, Schwätzchen, Stößchen: Gutes von der Speise- und Getränkekarte ist daher nicht alles, was man am Markt genießen kann. Tradition im modernen Gewand: Gegensätze werden spielend miteinander vereinbart – samt abwechslungsreichem Veranstaltungsprogramm.

Betenstraße 1, 44137 Dortmund
Telefon: 0231 527548
So–Do 11–0 Uhr; Fr/Sa 11-1 Uhr
www.wenkers.de

::Daddy Blatzheim

Eine der Top-Adressen im Dortmunder Nightlife: Hier locken verschiedenste Party-Formate – Hip-Hop, 90er, 30+, Rock, Alternative, House oder Elektro. Detaillierte Programminfos mit Pics, Videos und Soundclips finden sich auf der Webseite. Es gibt eine große Dachterrasse für Raucher.

An der Buschmühle 100, 44139 Dortmund
Telefon: 0231 226 110 21
Öffnungszeiten je nach Partyformat
www.daddyblatzheim.de

::Zum Schlips

Historische Kneipe mit modernem Design und spannendem Konzept: Es gibt nur zwei Öffnungstage – Dienstag und Samstag – und tatsächlich nur drei Getränke: Stößchen, Wasser, Wacholder Tonic. Das schmucke Altbaulokal entpuppt sich als Treffpunkt für Jung und Alt.

Brückstraße 64, 44135 Dortmund
Telefon: 0231 226 110 23
Di und Sa ab 18 Uhr
www.www.facebook.com/zumschlips

::Balke

Es ist eine stylische Bar am Rande des Kreuzviertels. Vom Playboy unter die 100 besten Bars Deutschlands gewählt, gibt es hier exzellente Cocktails, frische Pizza und Pasta vom Italiener nebenan. Freitags legt ein DJ live auf. Und: Spiele des BVB werden live gezeigt.

Hohe Straße 127, 44139 Dortmund
Telefon: 0231 226 110 22
Do, Fr, Sa ab 18 Uhr
www.fussballermodelszivilisten.de

Mengede

Eving

Scharnhorst

Innenstadt Nord

Huckarde

Brackel

Innenstadt West

Innenstadt Ost

Lütgendortmund

Aplerbeck

Hombruch

Hörde

Bei schönem Wetter lassen sich all die Köstlichkeiten auf den sonnigen Außenterrassen Dortmunder Cafés und Bars genießen.

Als runder Abschluss eines geschäftigen Tages bei der Arbeit, nach einem ausgiebigen Einkaufsbummel oder der Besichtigung der historischen Bauten, macht sich eine abendliche Entdeckungsreise durch die hiesige Bar- und Club-Landschaft besonders gut. Direkt in der Innenstadt sind Sie gut aufgehoben, wenn es ums Essen und Trinken, Tanzen, Feiern und Flanieren geht.

Allen Besuchern raten wir, sich das Nachtleben nicht entgehen zu lassen. Denn was Dortmund tagsüber verspricht, hält es nachts umso spannender und aufregender ein. Sparen Sie sich deshalb zumindest einen Teil Ihrer Energie dafür auf, auch die nächtlichen Stunden ganz auszunutzen und auszukosten! Auf junge, gut gelaunte Gesellschaft können Sie dabei immer zählen. In einigen Gastronomien erklingt abends Live-Musik – manche sind für ihr hochkarätiges Konzertprogramm sogar weithin berühmt. Der Auftakt einer turbulenten Nacht.

Auch die Geselligkeit samt passendem Freizeitangebot gehört hier in Dortmund dazu. Einfach mal die Fußball-Bundesliga bei einer riesigen Auswahl an Bier- und Rumsorten genießen. Warum nicht? Den Geschäftsalltag mit einem Glas Bier ausklingen lassen oder sein Glück herausfordern: In Dortmund kehren Sie bei Freunden ein.

In diesem Sinne wünschen wir Ihnen eine schöne Zeit – und, wenn Sie möchten, eine erlebnisreiche Nacht!

::MOOG

Im Dortmunder U liegt die Special Location MOOG: Bistro, Cocktail-Bar und Micro-Club – eine Mischung, die Gäste begeistert. Hier sind Events mit bis zu 300 Gästen möglich – im Kinosaal, in der VIP-Lounge oder im kleinen Multifunktionsraum.

Emil-Moog-Platz (Navi: Rheinische Straße 18), 44137 Dortmund; Telefon: 0231 880860-0; Bistro: Di, Mi & So 11-18; Do-Sa 11-20
www.moog-dortmund.de

::Weststrand

Mitten in Dortmund gibt es mit dem Weststrand eine fantastische Open Air Location, die zu einem Kurzurlaub einlädt. Es gibt ein Strandhaus, eine Bar, einen Pool und einen herrlichen Strand. Professionelle Licht- und Soundtechnik und leckeres Catering wird individuell organisiert.

Emil-Moog-Platz, 44137 Dortmund
Telefon: 0231 8808600
Mo - So ab 12 Uhr
www.weststrand-dortmund.de

Foto: Christian Liebscher (Platte) / wikipedia

Hauptbahnhof

Dortmund liegt inmitten des dichtesten und leistungsfähigsten Verkehrsnetzes in Nordrhein-Westfalen. Aus welcher Richtung man auch anreist: Es sind nur wenige Meter Fußweg bis ins Herz der City. Umgekehrt stellen im Personenfernverkehr ICE-, IC- und EC-Anschlüsse Verbindungen zu allen Zentren Deutschlands und Europas her. Täglich verkehren rund 200 Fernverkehrs-, 500 Nahverkehrszüge und 300 S-Bahnen. 125.000 Besucher nutzen täglich den Bahnhof mit seinen 16 Bahnsteigen. Der Bahnhof bietet auf einer Fläche von fast 10.000 m² viele Einkaufsmöglichkeiten.

Eröffnet wurde der Dortmunder Hauptbahnhof im Jahr 1847. Nach dem Zweiten Weltkrieg wurde das schwer getroffene alte Empfangsgebäude 1952 durch einen Zweckbau ersetzt. Er gilt als unscheinbar, beherbergt aber bedeutende Glas-Motiv-Fenster aus der ehemaligen Arbeitswelt der Stadt. Dortmund besitzt jedoch als einer der letzten Großstadtbahnhöfe Deutschlands Bahnsteige die nicht barrierefrei

zugänglich sind. Nur die Kopfbahnsteige und der Bahnsteig zu zwei S-Bahnlinien verfügen über eine öffentliche Aufzuganlage. Bei allen anderen Bahnsteigen kann stattdessen nur auf Anfrage der Lastenaufzug genutzt werden.

Daher begann im Sommer 2009 die Sanierung des Hauptbahnhofs. In einer ersten Bauphase wurden das Empfangsgebäude und die zugehörigen Betriebsflächen erneuert. Im Juni 2011 wurde diese Bauphase abgeschlossen. In einer zweiten Bauphase, die voraussichtlich 2017 beginnen wird, sollen der Bahnhofstunnel und die Zugänge zu den Bahnsteigen erneuert werden.

Service-Nummer der Bahn:
0180 6 99 66 33
(20 ct pro Anruf aus dem Festnetz, Mobilfunk maximal 60 ct pro Anruf)

Kostenlose Fahrplanauskunft:
Telefon: 0800 / 1 50 70 90

DB Abo-Center NRW:
Telefon: 0180 6 033 099
(20 ct pro Anruf aus dem Festnetz, Mobilfunk maximal 60 ct pro Anruf)

Stadt Dortmund

Dortmunder Rathaus
Friedensplatz 1, 44135 Dortmund
Telefon: 0231 500
buergerdienste@stadtdo.de

Öffnungszeiten
Mo - Di: 08-12 Uhr

Die Bürgerdienste sind in der Berswordthalle, Südwall 2-4, untergebracht. Sie haben gesonderte Öffnungszeiten. Diese und einen umfangreichen und detaillierten Überblick über Themen wie Leben in Dortmund, Freizeit und Kultur, Tourismus und Wirtschaft gibt es auf der Internetseite der Stadt: www.dortmund.de

Notruf

Ärztlicher Notdienst
Telefon: 116 117 (kostenfrei)

Krankentransporte der Berufsfeuerwehr Dortmund
Telefon: 0231 1 92 22

Frauenhaus
Im Frauenhaus finden misshandelte Frauen und deren Kinder Schutz und Beratung rund um die Uhr.
Telefon: 0231 80 00 81

Notdienst des Jugendamtes
In akuten Notsituationen (Misshandlungen/Vernachlässigungen von Kindern) rund um die Uhr, auch an Wochenenden und Feiertagen.
Telefon: 0231 50 12345

Polizeipräsidium Dortmund

Markgrafenstraße 102, 44139 Dortmund
Telefon: 0231 13 20

**In Notfällen
Polizei: 110
Feuerwehr: 112**

Feuerwehr & Rettungsdienst

Steinstraße 25, 44147 Dortmund
Telefon: 0231 045-4444
E-Mail: rettungsdienst@stadtdo.de
www.dortmund.de/feuerwehr

Dortmund Tourismus GmbH

Im Besucherzentrum Dortmund - direkt gegenüber dem Hauptbahnhof - gibt es alle Informationen und Angebote rund um Dortmund. Dazu gehören unter anderem Hotelbuchungen, Stadtführungen, Ticketverkauf für Veranstaltungen in Dortmund und der Region, Infobroschüren, Stadt– und Radpläne, Fahrradvermietung und ein BVB Fanshop.

Max-von-der-Grün-Platz 5-6, 44137 Dortmund
(gegenüber Hauptbahnhof)
Telefon: 0231 18 99 90

Mo-Sa 10-18 Uhr, Sonn- + Feiertage geschlossen
www.dortmund-tourismus.de

Post

Kurfürstenstraße 2
44147 Dortmund
Telefon: 01802 3333
Mo-Fr: 8.30-19 Uhr
Sa: 9-14 Uhr

Fundbüro

Berswordt-Halle
Südwall 2-4, 44122 Dortmund
Telefon: 0231 5 01 33 31

Taxizentrale

0231 14 44 44
www.taxi-dortmund.de

Impressum

Verlag:
Link Media Verlag
Katja Link
Margaretenstr. 39
45665 Recklinghausen
Telefon: 02361 / 9381240
Fax: 02361 / 9381241
info@linkmediaverlag.de
linkmediaverlag.de
Steuernummer:
340/5206/3213

ISBN: 978-3-940154-52-1
Preis: 9,90 €
Erscheinungsdatum:
März 2016
in dritter Neuauflage
Auflage:
12.000 Exemplare
Gesamtauflage der Stadtführerreihe:
102.000 Exemplare
Bochum, Dortmund, Duisburg, Münster, Witten
der-stadtfuehrer.com

Redaktion:
agentur tas medienbüro
Tanja Schneider
Wiethagenweg 28,
44227 Dortmund
Telefon: 0231 725 92 723
E-Mail: redaktion@der-stadtfuehrer.com
Freie Redakteure:
Sonja Biedebach
Julian Marx
Lektorat:
Stephanie Fitz

Der Verlag und das Redaktionsbüro bedankt sich für die Zusendungen des Pressematerials und der Fotos bei allen Pressestellen und Betreibern der jeweiligen Institutionen. Ebenfalls für die tolle Unterstützung bei der DortmundTourismus GmbH, der Stadt Dortmund, den Westfalenhallen, Revierpark Wischlingen, dem Theater Dortmund, BVB und Sebastian Hellmann (www.ruhrgebiet-industriekultur.de).

Die Ergebnisse der Internetrecherche stammen in Teilen von der Homepage der Stadt Dortmund, Ruhrgebiet-industriekultur.de sowie den jeweiligen Institutionen und von www.wikipedia.de (Wikipedia, die freie Enzyklopädie), bei der wir uns ebenfalls ganz herzlich bedanken.

Für die Zusendung der Fotos geht ein ganz besonderer Dank an:
Dr. Ingo Herminghaus, Sandy Müller.

Titelhauptbild:
Dr. Ingo Herminghaus

Fotos:
Urheber werden im Stadtführer direkt in den Fotos genannt.

Anzeigen:
Katja Link (Leitung)
link@linkmediaverlag.de

Freie Medienberater:
Monika Iannarino
Frank Wiesemann

Wir bedanken uns für das Vertrauen unserer Kunden auf den Umschlagseiten und in den Werbebranchen:
Stil & Shopping, Restaurants, Gastro & Freizeit.

Produktion:
Beanz Media
info@beanz-media.com
www.beanz-media.com

Grafik:
Theodoros Samanidis
www.beanz-media.com

Druck, Lager und Versand:
Koffler DruckManagement GmbH
TechnologieZentrum Dortmund
Emil-Figge-Straße 76
44227 Dortmund
Telefon: 0231 97 42 74 40

Auszugsweise ist ohne schriftliche Genehmigung des Verlages nicht gestattet. Für die Selbstdarstellung der Unternehmen in den Branchen sowie für den Inhalt der geschalteten Anzeigen übernehmen Verlag und Redaktion keine Verantwortung oder Haftung.

Fotos: Pressestelle der FH Dortmund

FACHHOCHSCHULE DORTMUND

Die Fachhochschule Dortmund wurde zwar offiziell 1971 gegründet, ihre älteste Vorgängereinrichtung, die „Königliche Werkmeisterschule für Maschinenbauer" eröffnete jedoch ihre Pforten bereits im Jahre 1890.

Von Architektur über Design über Informations- und Elektrotechnik, Informatik, Maschinenbau, Angewandte Sozialwissenschaften bis hin zu Wirtschaft sind heute rund 13.500 Studierenden in 30 Bachelor- und Masterstudiengängen an der Fachhochschule Dortmund eingeschrieben. 2600 haben im Wintersemester 2015/16 ihr Studium dort begonnen. Rund 200 Wissenschaftler forschen in zahlreichen Projekten – damit zählt die FH zu den größten in Nordrhein-Westfalen.

Der Grundgedanke war seit jeher die Verbindung zur Praxis zu schaffen. Eine enge Bindung sogar. Durch das vergleichsweise sehr gute Betreuungsver-

hältnis lernen die Studenten mit engem Kontakt zu den Lehrenden, in kleinen Gruppen, an anwendungsbezogenen Fragestellungen. In dieses Konzept passt auch das Angebot des dualen Studiums. Das findet zum Teil an der Fachhochschule und zum mindestens ebenso großen Teil als Ausbildung in einem Betrieb statt. Darüber hinaus bieten alle Studiengänge die Möglichkeit, Auslands- oder Praxissemester einzulegen.

Die Fachhochschule Dortmund besitzt drei Standorte: Die Zentrale befindet sich im Dortmunder Kreuzviertel (Sonnenstraße 96-100). An diesem Standort befinden sich die Fachbereiche Informations- und Elektrotechnik und Maschinenbau.

Der Fachbereich Design befindet sich auch in der Innenstadt, dort aber in einem ausgelagerten Gebäude (Max-Ophüls-Platz 2).

Der größte Standort befindet sich auf dem Campus Nord der Technischen Universität Dortmund. Hier haben die Fachbereiche Architektur, Informatik, Angewandte Sozialwissenschaften und Wirtschaft (Emil-Figge-Str. 40, 42, 44) ihren Platz, wo auch der weitaus größere Teil der Studierenden anzutreffen ist.

Die FH Dortmund besitzt drei Standorte:

Emil-Figge-Straße 40-44, 44227 Dortmund
(Architektur, Informatik,
Angewandte Sozialwissenschaften, Wirtschaft)
Telefon: 0231 755-1

Max-Ophüls-Platz 2, 44139 Dortmund
(Design)
Telefon: 0231 91 12 426

Sonnenstraße 96-100, 44139 Dortmund
(Informations- und Elektrotechnik,
Maschinenbau; Rektorat und Verwaltung)
Telefon: 0231 91 12-0

www.fh-dortmund.de

Mathe-Tower, Foto: Jürgen Huhn

Technische Universität und H-Bahn
Foto: Anneke Wardenbach

Studenten im Geschossbau, Foto: Jürgen Huhn

TECHNISCHE UNIVERSITÄT

Obwohl ihr Name ‚Technische Universität Dortmund' lautet, bietet die Hochschule mit 16 Fakultäten ein breites Spektrum nicht nur in den technischen, sondern auch in den naturwissenschaftlichen Bereichen, in den Wirtschafts- und Sozialwissenschaften, den Human- und Kulturwissenschaften und in der Lehrerbildung. Das Angebot umfasst 80 Bachelor- und Master-Studiengänge.

Gegründet im Jahr 1968 zählt die TU heute rund 33.550 Studierende und 6200 Mitarbeiter, darunter etwa 300 Professoren – damit gehört sie beispielsweise zu den größten Arbeitgebern der Stadt. In jedem Wintersemester verzeichnet die Uni rund 6500 Neu- und Ersteinschreibungen – in jedem Jahr rund 4000 Absolventen. Außerdem heißt die Technische Universität jährlich rund 190 Austausch-Studierende willkommen.

Die Universität verteilt sich auf zwei Standorte: den Campus Süd und den Campus Nord.

Um die Strecke zu überbrücken wurde 1984 die erste Hochbahn-Bahn-Strecke eröffnet. Auf dem Campus Süd befinden sich die Fakultäten Raumplanung sowie die Fakultät Architektur und Bauwesen, Teile der Fakultät Maschinenbau sowie der Universitätsverwaltung. Die übrigen Fakultäten befinden sich vollständig auf dem Campus Nord.

Das markanteste Gebäude auf dem Campus ist das zehn Stockwerke hohe Gebäude der Mathematik, im Allgemeinen Mathetower genannt. Auf dessen Dach befindet sich unter anderem die Sendeanlage des Campusradios Eldoradio und seit Oktober 2010 auch das sich drehende, beleuchtete tu-Logo.

Im März 2007 wurde von den drei Universitäten Dortmund, Bochum sowie Duisburg-Essen die Universitätsallianz Ruhr (UA Ruhr) gegründet. Unter dem Motto „gemeinsam besser" bietet sie Wissenschaftlern vielfältige Möglichkeiten zur Kooperation und Vernetzung, während die Studierenden von dem großen Angebot an Bachelor- und Masterstudiengängen mit zahlreichen Spezialisierungsmöglichkeiten profitieren.

Der Förderatlas 2015 der Deutschen Forschungsgemeinschaft (DFG) listet die TU Dortmund in fünf Fachgebieten unter den „Top Ten" der bundesweit forschungsstärksten Universitäten: in der Produktionstechnik, den Wirtschaftswissenschaften (inklusive Fachgebiet Statistik), der Werkstofftechnik, den Erziehungswissenschaften und in der Informatik.

TU Dortmund
44221 Dortmund
Telefon: 0231 755-1
www.tu-dortmund.de

Fotos: Dortmunder Hafen

DORTMUNDER HAFEN

Seiner attraktiven Lage am östlichen Rand des Ruhrgebietes hat der Dortmunder Hafen seine wachsende Bedeutung als Industrie- und Logistik-standort zu verdanken. 1899 eingeweiht ist er mit 11 Kilometern Uferlänge, 10 Hafenbecken, 170 ha Gesamtfläche (davon 35 ha Wasserfläche) und 5000 Arbeitnehmern in 160 Unternehmen der größte Kanalhafen Europas.

Seine historische Bedeutung: Der Dortmunder Hafen wurde ursprünglich für Zwecke der Montanindustrie als direkte Anbindung des Dortmunder Wirtschafts-raumes an die Nordsee gebaut. Der Import von Eisenerz für die ansässige Stahlindustrie sowie der Export von Kohle waren über Jahrzehnte bestimmend. Durch die Stilllegung der Zechen und die Schließung der Stahlhütten verlor der Dortmunder Hafen seine ursprüngliche Bedeutung.

Das Bild des Dortmunder Hafens hat sich seitdem stark verändert, die Aufga-ben sind andere geworden. Vom reinen Massengutumschlagplatz hat sich der Hafen zum trimodalen Logistikzentrum gewandelt. Das heißt: Der Hafen ist mit den drei Verkehrsträgern Schiff, Bahn und LKW erreichbar.

Bündelung logistischer Kompetenz

Durch den Wegfall des Eisenerzimports und des Kohleexports verlor der Hafen seine Bedeutung, neue Geschäftsfelder mussten erschlossen werden. Dies ge-lang im Bereich der Logistik. Der Hafen hat sich zur Warendrehscheibe für das gesamte Ruhrgebiet, die angrenzenden Regionen sowie die Seehäfen Zeebrüg-ge, Amsterdam, Rotterdam, Antwerpen und die deutschen Seehäfen entwickelt.

Dortmunder Ems-Kanal

Der Kanal verbindet als künstliche Was-serstraße zusammen mit schiffbaren Abschnitten der Ems die Nordsee mit dem Ruhrgebiet. Den südlichsten Punkt bildet der Hafen. Über Münster, Lingen und Meppen verläuft er als ausgebaute Kanalstrecke bis Papenburg. In Datteln ist er mit dem Rhein-Herne-Kanal, dem Datteln-Hamm-Kanal und dem Wesel-Datteln-Kanal verbunden. Über die Ems gelangen die Schiffe bei Emden in den Dollart und letztendlich in die Nordsee. Vor allem zur Entlastung der Eisenbahn wurde die Wasserstraße von 1892 an innerhalb von nur sieben Jahren Bauzeit errichtet, zusammen mit dem Alten Schiffshebewerk, das am Ende der Stichstrecke nach Dortmund bei Waltrop und Datteln einen Höhenunterschied überwindet. Die offizielle Einweihung erfolgte 1899 durch Kaiser Wilhelm II. Auf ca. 350 Kilometern Länge wur-de zum 100. Geburtstag des Kanals ein Radfernweg eröffnet, der bis nach Norden-Norddeich führt.

Speicherstraße 23, 44147 Dortmund
Telefon: 0 231 9839 681
www.dortmunder-hafen.de

Foto: Tanja Schneider

Foto: Tanja Schneider

Wochenmärkte

Aplerbeck
Köln-Berliner-Straße / Ecke Schüruferstraße donnerstags 7-13 Uhr

Brackel
zwischen Brackeler Hellweg und Oberdorfstraße donnerstags 7-13 Uhr

Dorstfeld
Wilhelmplatz dienstags und freitags 7-13 Uhr

Eving
Bayrische Straße / Ecke Deutsche Straße dienstags und freitags 7-13 Uhr

Hombruch
Harkortstraße/Ecke Steinäckerstraße (Marktplatz) und im Fußgängerbereich Harkortstraße zwischen Tannenstraße und Singerhoffstraße mittwochs und samstags 7-13 Uhr

Hörde
Platz an der Schlanken Mathilde und Teile der Hermannstraße dienstags und freitags 7-13 Uhr

Huckarde
Platz an der Rahmer Straße dienstags und freitags 7-13 Uhr

Innenstadt-Nord
Nordmarkt, begrenzt durch Mallinckrodt-, Lortzing-, Stollen- und Clausthaler Straße dienstags und freitags 7-13 Uhr

Innenstadt-West (Hansa-Markt)
Hansaplatz in der Innenstadt, bei Großveranstaltungen nach Ankündigung auf dem Friedensplatz mittwochs 7-14 Uhr, freitags 8-15 Uhr, samstags 7-15 Uhr

Innenstadt-Ost (Davidis Markt)
Im Kaiserstraßenviertel, Kaiserstraße samstags 7-13 Uhr

Mengede
Marktplatz, begrenzt durch Rigwin-, Siegburg- und Castroper Straße mittwochs und samstags 7-13 Uhr

Lütgendortmund
Platz an der Limbecker Straße zwischen Haus Nummer 29 und 31 (Heinrich-Sondermann-Platz) mittwochs und samstags 7-13 Uhr

Scharnhorst
Nördlicher Teil des Schulparkplatzes an der Straße Buschei donnerstags 7-13 Uhr

Quelle: www.dortmund.de

Weihnachtsmarkt

Es duftet nach gebrannten Mandeln, vielleicht doch lieber einen glasierten Apfel? Jedes Jahr aufs Neue erfreut sich der Dortmunder Weihnachtsmarkt großer Beliebtheit. Kein Wunder: Ist doch vor allem das Ensemble aus 1700 Rotfichten ein wahrer Hingucker – und ein Anziehungsmagnet mit 45 Metern Höhe weit über die Stadtgrenzen hinaus. Selbstverständlich erfüllt ein Bummel zwischen den rund 300 Buden alle Wünsche, die es in der Adventszeit gibt: Kunsthandwerk, Weihnachtsdekorationen oder beispielsweise besondere Spielzeugideen sind ein Garant für ein Häkchen auf dem Wunschzettel.
Keine Frage: Kulinarische Leckereien – angefangen von Grillschinken, Reibekuchen oder Backkartoffel – müssen unbedingt probiert werden. Sonst schmeckt der Dortmunder Glühwein im neuen Sammelbecher nur halb so gut.

Alter Markt, Hansaplatz, Westenhellweg u.a.

Foto: Dortmund Airport / Frank Peterschröder

Foto: Dortmund Airport

Foto: Dortmund Airport / Frank Peterschröder

DORTMUND AIRPORT

Auf einer Graspiste landeten von 1960 bis 1974 die Flugzeuge im Dortmunder Stadtteil Wickede. Nach und nach wurde der Flughafen immer weiter ausgebaut. Zunächst gab es eine 650 Meter lange und 20 Meter breite Asphaltbahn. Dann wurden Flughafengebäude und -hallen gebaut und die Start- und Landebahn auf 2000 Meter Länge und 45 Meter Breite vergrößert. Der ursprüngliche Regionalflughafen Dortmund-Wickede hat sich so zum viertgrößten Verkehrsflughafen in Nordrhein-Westfalen entwickelt, dem Dortmund Airport. Heute werden viele Ziele in Europa angeflogen und rund zwei Millionen Passagiere im Jahr abgefertigt.

Die Flughafen Dortmund GmbH wurde allerdings bereits im Jahr 1926 im Stadtteil Brackel gegründet. 1928 verzeichnete der Flughafen dort über 8000 Starts und Landungen und war damit neben Köln wichtigster Verkehrslandeplatz im Westen Deutschlands. Nach dem Zweiten Weltkrieg fehlte für die neueren und größeren Maschinen in Brackel der Platz und der neue Standort in Wickede wurde gegründet.

Aufgrund des allmählichen Rückzugs des langjährigen Hauptnutzers Eurowings hat sich der Flughafen auf die Gewinnung neuer Fluggesellschaften konzentriert. Daher machen heute Billigfluggesellschaften einen Großteil des Flugbetriebs aus. Dazu kommt ein größerer Anteil an touristischem Linienverkehr, der Geschäftsreiseverkehr sowie die allgemeine Luftfahrt.

Auf dem Gelände des Flughafens befindet sich eine Einsatzstaffel der Polizeiflieger Nordrhein-Westfalen und eine Station der DRF Luftrettung.

Es besteht ein Autobahnanschluss sowohl in Ost-West-Richtung (via der A 44, B 1, A 40), als auch in Nord-Süd-Richtung (A 1) über das Autobahnkreuz Dortmund/Unna. Eine Zugverbindung zur Innenstadt gibt es nicht. Es fährt aber ein Bus zwischen Flughafen und Hauptbahnhof. Außerdem besteht eine Verbindung über die Stadtbahnlinie U47 bis Aplerbeck und von dort mit der Buslinie 440.

Zu buchen sind offene Flughafen-Führungen, die rund 1 ½ Stunden dauern. Diese sind für Kinder und Erwachsene geeignet. Auch Gruppenführungen sind möglich. Infos online oder unter Telefon: 0231 9213 530.

Flughafenring 2, 44319 Dortmund
Telefon: 0231 921301
www.dortmund-airport.de

Autovermietungen

Europcar
Spicherner Straße 67,
44149 Dortmund
Telefon: 0231 9172130
www.europcar.de

Europcar
Freistuhl 17, 44137 Dortmund
Telefon: 0231 9590970
www.europcar.de

Europcar
Wittbräucker Straße 36,
44287 Dortmund
Telefon: 0231 453788
www.europcar.de

Europcar
Flughafenring 1, 44319 Dortmund
Telefon: 0231 9271140
www.europcar.de

Avis
Evinger Straße 35,
44145 Dortmund
Telefon: 0231 579357
Flughafenring 2,
44319 Dortmund
Telefon: 0231 9273830
Martener Hellweg 37,
44379 Dortmund
Telefon: 0231 9172170
www.avis.de

Buchbinder Rent a Car
Feldstraße 27, 44141 Dortmund
Telefon: 0231 53454910
www.buchbinder.de

Buchbinder Autovermietung
Evinger Straße 70, 44145 Dortmund
Telefon: 0231 5893686
www.buchbinder.de

OPEL Rent
Am Burgwall 17, 44135 Dortmund
Telefon: 0231 40909514
www.opelrent.de

Sixt
Im Spähenfelde 51,
44143 Dortmund
Flughafenring 1,
44319 Dortmund und
Nortkirchenstraße 111,
44263 Dortmund
Telefon: 0180 6 666666
www.sixt.de

Mork GmbH
Blücherstraße 13, 44147 Dortmund
Telefon: 0231 824041
www.mork.de

Beier Autovermietung
Märkische Straße 235,
44141 Dortmund
Telefon: 0231 424046
www.beier-autovermietung.de

AMD
Oberste-Wilms-Straße 10B,
44309 Dortmund
Telefon: 0231 528689
www.amd-autovermietung.com

Autovermietung Gunkel
Rheinische Straße 31,
44137 Dortmund
Telefon: 0231 141618
www.es-gunkel.de

Enterprise Rent-A-Car
Heiliger Weg 70, 44141 Dortmund
Telefon: 0231 5894050
www.enterprise.de

HeisseReifen
Steinhammerstraße 74,
44379 Dortmund
Telefon: 0231 73999

Kurierdienst Lablack Lutz
Brackeler Hellweg 94,
44309 Dortmund
Telefon: 0231 259100

Medien

Zeitungen
Ruhr Nachrichten,
Westdeutsche Allgemeine Zeitung
(gemeinsamer Lokalteil)
Westenhellweg 86-88,
44137 Dortmund
Telefon: 0231 9 05 90
www.ruhrnachrichten.de/
dortmund

Westfälische Rundschau (Hauptteil)
Rundschauhaus
Brüderweg 9, 44047 Dortmund
Telefon: 0800 60 60 730 (gratis)
Telefon: 0231 9573-0
www.derwesten.de/dortmund

Anzeigenblätter
Stadtanzeiger erscheint zweimal
wöchentlich mit neun Unterausgaben
Ostwall 5, 44135 Dortmund
Telefon: 0231 5 62 29 60
www.lokalkompass.de/dortmund

Zeitschriften
Coolibri – erscheint monatlich
Ehrenfeldstraße 34, 44789 Bochum
Telefon: 0234 93797-77
www.coolibri.de

Heinz – erscheint monatlich
Maxstraße 64, 45127 Essen
Telefon: 0201 87 22 90
www.heinz-magazin.de

Vision – Musikmagazin
Heiliger Weg 1, 44135 Dortmund
Telefon: 0231 55 71 31 – 0
www.visions.de

Rock Hard – Rock- und Metal-
Magazin - erscheint monatlich
Friedenstraße 41 - 43
44139 Dortmund
Telefon: 0231 56 20 14-0
www.rockhard.de

Pflichtlektüre – Zeitung für Stu-
dierende - erscheint drei Mal im
Semester und liegt an der TU aus
Vogelpothsweg 74
Campus Nord, 44227 Dortmund
Telefon: 0231 7 55 74 72
www.pflichtlektuere.com

Bodo – Obdachlosenmagazin
Schwanenwall 36 – 38,
44135 Dortmund
Telefon: 0231 9 50 97 80

Blog
Ruhrbarone
Die Redaktion besteht überwiegend
aus Journalisten, die hauptberuflich
für andere Medien arbeiten und
für das Internet über Dortmund,
das Ruhrgebiet und überregionale
Themen berichten.
www.ruhrbarone.de/dortmund

Fernsehen
WDR Landesstudio Dortmund
(Produktion der Lokalzeit und der
Sendung „Planet Wissen" sowie Teile
der Hörfunkwellen WDR 2 und WDR
4 sowie die Verkehrsnachrichten)
Mommsenweg 5, 44225 Dortmund
Telefon: 0231 1 39 30
www1.wdr.de/studio/dortmund

Sat1 Landesstudio NRW (u.a. Produktion der NRW-Ausgabe von 17.30
in Dortmund)
Hermannstraße 75, 44263 Dortmund
Telefon: 0231 9 43 70
www.sat1nrw.de

Nrwision – TV Lernsender gestaltet
von Lehrredaktionen, Amateurfilmer
und Bürgergruppen aus ganz NRW
Emil-Figge-Straße 80, 44227 Dortmund
Telefon: 0231 4 75 41 50
www.nrwision.de

Hörfunk
Radio Dortmund
91,2 MHz (regionale Informationen
sowie das Rahmenprogramm von
Radio NRW)
Silberstraße 21, 44137 Dortmund
Telefon: 0231 95770
www.radio912.de

Eldoradio (CampusRadio)
Vogelpothsweg 74, 44227 Dortmund
Telefon:0231 7 55 71 71
UKW 93.0 und Kabel 88.4
www.eldoradio.de

Der Stadtführer **Dortmund** bedankt sich bei:

Parkhotel Wittekindshof
Westfalendamm 270,
44141 Dortmund
Telefon: 0231 51 93 0
www.parkhotel-wittekindshof.de

der Lennhof
Menglinghauser Str. 20,
44227 Dortmund
Telefon: 0231 75 81 90
www.der-lennhof.de

l'Arrivée Hotel & Spa
Wittbräucker Str. 565,
44257 Dortmund
Telefon: 0231 880500
www.larrivee.de

Hotel Ambiente
Am Gottesacker 70,
44143 Dortmund
Telefon: 0800 47 73 77
www.hotel-ambiente.info

Ringhotel Drees
Hohe Str. 107, 44139 Dortmund
Telefon: 0231 12 99 0
www.riepe.com

Hotel Unique Novum
Hoher Wall 38, 44137 Dortmund
Telefon: 0231 560 500
www.novum-hotels.de

Arcadia Grand Hotel Dortmund
Lindemannstr. 88, 44137 Dortmund
Telefon: 0231 91 13 0
www.arcadia-hotels.de

Steigenberger Hotel Dortmund
Berswordtstr. 2, 44139 Dortmund
Telefon: 0231 90 21 0
www.dortmund.steigenberger.com

Mercure Hotel Dortmund Centrum
Olpe 2, 44135 Dortmund
Telefon: 0231 54 32 00
www.mercure.com

Mercure DTM Messe & Kongress
Strobelallee 41, 44139 Dortmund
Telefon: 0231 12 04-245
www.mercure.com/9169

**balladins SUPERIOR
Airport Hotel Dortmund**
Schleefstr. 2C, 44287 Dortmund
Telefon: 0231 98 98 90
www.balladins-hotels.com

Radisson Blu Hotel Dortmund
An der Buschmühle 1,
44139 Dortmund
Telefon: 0231 10 86 17
**www.radissonblu.de/
hotel-dortmund**

NH Hotel
Königswall 1, 44137 Dortmund
Telefon: 0231 90550
www.nh-hotels.de

Holiday Inn Express
Moskauerstr. 1, 44269 Dortmund
Telefon: 0231 17 76 99-0
www.hiexpress.com

TRYP Dortmund ***S
Emil-Figge-Str. 41, 44227 Dortmund
Telefon: 0231 97050
www.melia.com

Hotel Königshof
Königswall 4-6, 44137 Dortmund
Telefon: 0231 57 04 1
www.hotel-koenigshof.com

Haus Überacker
Wittbräucker Str. 504,
44267 Dortmund
Telefon: 02304 98 28 50
www.ueberacker.de

Akzent Hotel Köner Hof
Hallesche Str. 102, 44143 Dortmund
Telefon: 0231 56 20 84-0
www.hotel-koerner-hof.de

Sunshine Hotel
Hohensyburgstr. 186,
44265 Dortmund-Hohensyburg
Telefon: 0231 77 49 49 30
www.sunshine-hotel.de

Fürst Garden
Beurhausstr. 55, 44137 Dortmund
Telefon: 0231 47 73 21-0
www.hotelfuerstgarden.de

Hotel Specht
Limbecker Str. 27-29,
44388 Dortmund
Telefon: 0231 690 24 25
www.hotel-specht-dortmund.de

Hotel NeuHaus
Agnes-Neuhaus-Str. 5,
44135 Dortmund
Telefon: 0231 55 70 26 51-0
www.dasneuhaus.de

Mengender Volksgarten
Eckei 96, 44359 Dortmund
Telefon: 0231 94 15 19-4
www.volksgarten-mengede.de

Hotel Carlton
Lütge Brück Str. 5-7,
44135 Dortmund
Telefon: 0231 52 80 30

Hotel Restaurant In der Meile
In der Meile 16, 44379 Dortmund
Telefon: 0231 61 73 23
hotel-In-der-melle.de

Dickmann´s
Wittbräucker Str. 980,
44265 Dortmund
Telefon: 0231 77 49 44-0
www.dieckmanns.de

Stay City Dortmund
Paderborner Str. 72, 44143 Dortmund
Telefon: 0231 56 56-0
www.stay-city.de

The Grey Hotel
Schmiedingstr. 11-13,
44137 Dortmund
Telefon: 0231 41 01 03-00
www.thegrey-hotel.de

City Hotel Dortmund
Grafenhof 6, 44137 Dortmund
Telefon: 0231 47 79 66-0
www.cityhoteldortmund.de

Sport Hotel
Mallinckrodtstr. 212,
44147 Dortmund
Telefon: 0231 99 83-0
www.sporthotel-dortmund.com

B&B Hotel Dortmund Messe
Wittekindstr. 100, 44139 Dortmund
Telefon: 0231 54 95 50
www.hotelbb.com

Postkutsche
Postkutschenstr. 20,
44287 Dortmund
Telefon: 0231 44 10 01
www.postkutsche.de

Hotel Schützenhof
Kirchlinder Str. 21, 44379 Dortmund
Telefon: 0231 67 13 68
www.hotel-schuetzenhof.de

Handelshof
Mengeder Str. 664, 44239 Dortmund
Telefon: 0231 33 66-0
www.hotel-handelshof.de

...für die Auslage auf den Zimmern!

KINS

Cinestar

Das riesige Multiplexkino mit 14 Sälen und Platz für mehr als 3000 Zuschauer zeigt von deutschen Komödien bis zu den großen Hollywood-Produktionen alles, was aktuell ist. Man kann auch einen Kinosaal mieten. Dienstags und sonntags ist Kinotag.

Steinstraße 44, 44147 Dortmund
Telefon: 0451 7030200
www.cinestar.de

Kino im U

Der Verein „Kino im U" bespielt den Kinosaal mit 174 Plätzen jeden Donnerstag- und Freitagabend um 20 Uhr und jeden letzten Sonntag im Monat um 15 Uhr. Mit dem Programm sollen unter anderem die Veranstaltungen im Dortmunder U – Zentrum für Kunst und Kreativität – begleitet werden.

Leonie-Reygers-Terrasse, 44137 Dortmund
Telefon: 0231 5025486
www.dortmunder-u.de

Filmbühne

Das einzige Vorortkino Dortmunds steht in Aplerbeck: die Filmbühne. Von den Bewohnern wird sie in Bezug auf das anliegende Hotel „Postkutsche" genannt. Das kultige Vorstadtkino mit stilechter 50-Jahre Einrichtung zeigt in seinem Saal mit 348 Plätzen Filme von heute mit moderner Technik. Mittwochs ist Kinotag.

Schüruferstraße 330, 44287 Dortmund
Telefon: 0231 458687
www.filmbuehne-dortmund.de

Lichtspiel und Kunsttheater Schauburg

Die „Corso-Lichtspiele" öffneten 1912 den Spielbetrieb mit eigenem Orchester an der Brückstraße. 1918 bekam das Kino den Namen „Kammerlichtspiele" und seit einer Renovierung 1921 heißt es „Schauburg". Das Kino bietet Dokumentationen sowie Mainstream- und Kinderfilme (auch im Original). Zusätzlich zu den Filmen gibt es regelmäßig ein Liveprogramm – beispielsweise Gespräch und Diskussion mit einem Regisseur. Außerdem ist es möglich einen Kinosaal zu mieten. Dienstags ist Kinotag mit reduzierten Preisen.

Brückstraße 66, 44135 Dortmund
Telefon: 0231 9565606
www.schauburg-kino.com

PSD BANK KINO im Westfalenpark

Die Seebühne am Buschmühlenteich ist im Sommer ein spektakuläres Open-Air-Kino mit riesiger Bildwand und atemberaubendem Sound. Überdachte Bereiche mit reservierten Sitzplätzen bieten Schutz bei sommerlichen Schauern. Für echte OpenAir-Kino-Stimmung sorgen die Tribünenplätze unter freiem Himmel. Bis zu 2.000 Besucher blicken von der Tribüne auf die mehr als 200 Quadratmeter große Rieseneinwand auf der anderen Seite des Buschmühlenteichs. Filmstart ist immer nach Einbruch der Dunkelheit.

An der Buschmühle 3, 44139 Dortmund
Telefon: 0231 5026100
www.psd-bank-kino.de

Roxy

Das Programmkino von 1950 hat einen Saal mit 250 Plätzen. Gezeigt wird Anspruchsvolles, Unterhaltsames, Kurioses, Intelligentes und Experimentelles aus aller Welt – oft in der Originalversion. Darüber hinaus finden Veranstaltungen wie Livemusik oder Besuche von Filmschaffenden mit anschließendem Publikumsgespräch statt. Montags ist Kinotag mit reduzierten Preisen.

Münsterstraße 95, 44145 Dortmund
Telefon: 0231 22081540
www.roxydortmund.de

Camera

Das Programmkino zeigt Filme jenseits des Hollywood-Mainstreams und versteht sich als Forum für die Filmgeschichte, für die künstlerischen Dimensionen der Filmgestaltung und für „quotenungerechte" Inhalte. In der besonderen Atmosphäre der zwei Kinosäle soll jeder Film auch in der modernen Medienlandschaft zu einem besonderen Ereignis werden. Kinotag ist montags.

Mallinckrodtstraße 209, 44147 Dortmund
Telefon: 0231 822738
www.roxykino-do.de

SweetSixteen

Ein von Filmenthusiasten betriebenes Programmkino mit einem Saal – 100 Plätze - und Fokus auf nicht-kommerzielle Produktionen, Kleinproduktionen und den Erhalt des analogen filmkulturellen Erbes. Die Auswahl von Filmen geschieht, nach Angaben der Veranstalter, nach künstlerisch-ästhetischen Kriterien. Der Saal kann auch angemietet werden.

Immermannstraße 29, 44147 Dortmund
Telefon: 0231 9106623
www.sweetsixteen-kino.de